Esther Baker

Ich war eine buddhistische Nonne

Mein Weg vom Nirwana zu Christus

BRUNNEN

VERLAG BASEL·GIESSEN

Bibliografische Information der Deutschen Bibliothek
Die Deutsche Bibliothek verzeichnet diese Publikation in der Deutschen
Nationalbibliografie; detaillierte bibliografische Daten sind im Internet
über http://dnb.ddb.de abrufbar.

Die Bibelstellen sind, soweit nicht anders angegeben, der revidierten
«Hoffnung für alle» (2002) entnommen.

Übersetzung: Dorothee Dziewas, Wiesbaden

© der deutschsprachigen Ausgabe
2011 by Brunnen Verlag Basel

Umschlaggestaltung: Spoon Design, Olaf Johannson, Langgöns
Foto Umschlag: photocase/Emma Dilemma
Satz: InnoSet AG, Justin Messmer, Basel
Druck: Aalexx, Großburgwedel
Printed in Germany

ISBN 978-3-7655-1478-4

Inhalt

«Die Hölle ... ist das Bild
von einem unveränderlichen Zustand,
in dem es kein Werden mehr gibt.»[1]

(Leanne Payne)

Danksagungen

Das Schreiben und Veröffentlichen dieses Buches war echtes Teamwork. Ihr seid zu viele, als dass ich euch alle nennen könnte, aber ihr wisst, dass ihr gemeint seid. Wäret ihr nicht mit von der Partie gewesen, hätte etwas Besonderes gefehlt, und deshalb möchte ich euch allen, die ihr daran mitgewirkt habt, danken. Was für ein Segen war es, zusammen zu beobachten, was dort entstand! «Was keiner für möglich gehalten hat, das tut Gott vor unseren Augen!» (Psalm 118,23)

◆ ◆ ◆

Obwohl dies eine wahre Geschichte ist, wurden die Namen einiger Personen und Orte verändert, so auch der Name der Autorin.

◆ ◆ ◆

Meine Wahrnehmung des buddhistischen Glaubens stammt aus meinen Erfahrungen mit der Theravada-Tradition. Andere Formen des Buddhismus haben Glaubenssätze und religiöse Praktiken, die sich von den in diesem Buch beschriebenen unterscheiden.

Vorwort

Manchmal können diejenigen am besten den Weg zu Jesus Christus weisen, die ausdrücken können, welche Dunkelheit sie erlebt haben und wie das wahre Licht sich ihnen offenbart hat.

Esther Baker ist so jemand. Indem sie beschreibt, wie sie als buddhistische Nonne ernsthaft, aber erfolglos auf der Suche nach der Wahrheit war, deckt sie vorsichtig die Tricks der östlichen Mystik auf; ja, mehr noch, sie enthüllt die unerschöpfliche Liebe Gottes, die ihr in Christus begegnete.

Esthers tiefgreifende Bekehrung verleiht ihr diese Autorität. Indem sie ihre Geschichte erzählt, verkündet sie eine umfassende Gnade und Wahrheit, die uns alle einlädt, Jesus neu zu entdecken.

Ob wir aus dem Buddhismus kommen oder nicht, spielt dabei keine Rolle. Esther macht deutlich, dass Christus das Ziel ist, das alle erreichen können. Sie überzeugt uns davon, dass er nicht durch unsere religiösen Anstrengungen zu uns kommt, sondern durch die Macht seines eigenen großen Gehorsams.

Gottes treue Liebe zu Esther ist seine treue Liebe zu uns allen. Mir gefällt besonders die Art und Weise, wie Esther die Rolle schildert, die verschiedene Christen bei ihrer Bekehrung spielten. Jeder von diesen Menschen hatte eine bestimmte Funktion dabei, ihr Jesus so zu zeigen, dass einerseits die Unzulänglichkeit der buddhistischen Tradition und andererseits, im Gegensatz dazu, die Fülle in Jesus offenbar wurde.

Lassen Sie sich durch Esthers Geschichte neu von Jesus begeistern. Lassen Sie sich von der verändernden Liebe, die Esthers Leben neu gemacht hat, genauso verwandeln.

Andrew Comiskey
Autor sowie Gründer und Leiter
der «Desert Stream Ministries»

1. Am Ende

> «Auch wenn ich nicht bei euch bleibe, sollt ihr
> doch Frieden haben. Meinen Frieden gebe ich
> euch; einen Frieden, den euch niemand auf
> der Welt geben kann. Seid deshalb ohne Sorge
> und Furcht!»
>
> *Johannes 14,27*

Es war sonntags morgens am 21. Juli 1991, an einem warmen Sommertag. Die vom Wind geschliffene Bergkuppe überzog heute ein sonniges Leuchten. Ich lebte in einem buddhistischen Kloster nördlich von London. Bei schlechtem Wetter kam es einem oft vor wie ein trostloser Ort, gesprenkelt mit seinen Holzhäusern, in denen wir wohnten. Die Hütten wirkten irgendwie provisorisch, und ihre Bauweise in einigem Abstand vom Erdboden machte sie anfällig für heftige kalte Windböen, die darunter hindurchfegten. Die Bäume und Büsche, die wir auf dem Land gepflanzt hatten, waren noch sehr jung, aber allmählich machten sie die Umgebung ein wenig grüner.

Wir hatten unsere Mahlzeit noch nicht zu uns genommen, aber ich hatte an diesem Tag keinen Hunger. Mir gingen andere Dinge durch den Kopf. Ich war eines der wenigen geweihten Mitglieder der Gemeinschaft, die noch im Tempel waren. Beinahe alle anderen, darunter auch die Laien und Gäste, die sich bei uns aufhielten, waren früh am Morgen abgereist, um einer Ordinationsfeier in unserem anderen Kloster in Südengland beizuwohnen. Dies war einer der Höhepunkte des Jahres, unser wichtigstes rituelles Ereignis – der eine große Tag, an dem geeignete Männer und Frauen die höheren Weihen erlangen konnten.

Ich hatte mich immer gefreut, wenn neue Menschen geweiht wurden. Es war aufregend und für mich von großer Bedeutung. Unter normalen Umständen hätte ich mir dieses Ereignis niemals entgehen lassen. Aber in diesem Jahr wollte ich nicht mitgehen. Ich hatte um Erlaubnis gebeten, zurückbleiben zu dürfen.

Ich lebte seit acht Jahren in einem buddhistischen Tempel, einen Großteil davon als Nonne in England (obwohl ich die ersten sechs Monate vor meiner Ordination in einem Waldtempel in Thailand zugebracht hatte). Ich hatte zwei Weihen erlebt, die erste zur Novizin und die zweite zur buddhistischen Nonne. Ich war auf der ernsthaften Suche nach der Wahrheit und war fest davon überzeugt gewesen, dass der Buddhismus mich zu dieser Wahrheit führen würde. Ich hatte alles aufgegeben, was nötig war, um den buddhistischen Weg zu gehen.

Manche Menschen halten es vielleicht für einen extremen Lebensstil. Das Leben einer buddhistischen Nonne ist streng reglementiert. Dazu gehören viele asketische Übungen, deren Ziel es ist, die Vergnügungen der Welt aufzugeben, um die Wahrheit zu finden. Sie sollen das Leben vereinfachen und uns helfen, uns von irdischen Dingen zu distanzieren. Dieses Leben war oft anstrengend, aber für mich war es ganz normal geworden und ein Teil von mir.

Wir schliefen wenig, aßen nur eine Mahlzeit am Tag und ertrugen viel Entbehrung, was die Sinne betraf. Wir hörten kein Radio und sahen nicht fern, und so waren wir in gewisser Weise von der Welt abgeschnitten. Ich war für meinen starken Glauben an den Buddhismus bekannt und hatte noch nie den Sinn eines solchen Lebens in Frage gestellt. Bis jetzt.

Etwas hatte sich grundlegend verändert.

Ich hatte angefangen, ernsthaft am Buddhismus zu zweifeln. Das war noch nie vorher geschehen, und so war ich innerlich erschüttert und etwas verwirrt, was mir beides nicht behagte. Ich wollte und musste sicher sein. Ich wusste nicht, was mit mir passierte und wo der starke, beharrliche Glaube, den ich einmal gehabt hatte, geblieben war – es war, als gleite er wie Sand durch meine Finger. An diesem Tag war ich so durcheinander und aufgewühlt wie noch nie zuvor.

Ich weiß nicht mehr, wo ich war, als ich die Entscheidung traf, den Tempel zu verlassen. Aber plötzlich lief ich mit meinem rasierten Schädel und dem dunkelbraunen Gewand zu der alten anglikanischen Kirche im nahe gelegenen Dorf. Es war eine ganz und gar spontane Handlung. Ich wusste nicht, wen oder was ich dort finden würde. Ich konnte einfach nicht anders, als das Kloster hinter mir zu lassen und den Berg hinunterzulaufen. Während ich lief, war mir bewusst, dass ich niemanden um Erlaubnis gebeten hatte, den Tempel zu verlassen. Dies hier war dringender als irgendwelche Etikette! Ich floh. In meinem Kopf drehte sich alles.

Ich dachte: «Ich muss mit jemandem sprechen. Ich muss verstehen, was in mir vorgeht.»

In meinem tiefsten Innern spürte ich, dass jemand in der Kirche die Antwort auf meine Fragen kannte. Aber ich hatte keine Ahnung, wer oder warum.

Ich erreichte die Kirche, als der morgendliche Abendmahlsgottesdienst gerade zu Ende ging. Ich muss ein erstaunlicher Anblick gewesen sein, als ich die Kirche betrat und mich ängstlich umsah, auf der Suche nach dem Pfarrer. Ich musste dringend mit ihm reden. Als die meisten Besucher gegangen waren, sah ich ihn vorne, im Ostflügel der Kirche, und ging geradewegs auf ihn zu. Er sah aus wie ein freundlicher, verständnisvoller älterer Mann – jemand, dem ich gleich vertrauen konnte.

«Können Sie bitte für mich beten?», fragte ich ohne zu zögern. «Ich bin sehr verwirrt.»

Ohne Fragen zu stellen, führte er mich zur Altarschranke in der Nähe des Altars und forderte mich auf niederzuknien. Dann legte er seine Hände auf meine Schultern und betete. Während er das tat, brach ich zusammen und fing unkontrolliert an zu schluchzen.

Ich merkte nicht, dass ich in der Gemeinde, die zu einem großen Teil aus älteren, angesehenen Dorfbewohnern bestand, eine ziemliche Aufregung verursachte. Sie waren neugierig und wunderten sich darüber, dass jemand mit meinem Aussehen kam, um mit dem Pfarrer zu sprechen. Die Frau des Pfarrers beantwortete taktvoll ihre Fragen, während sie die Kirche verließen. Sie wusste, dass ich eine buddhistische Nonne war, und hatte schon einmal einen unserer buddhistischen Mönche aus der Gemeinschaft in ihrer Kirche gesehen. Deshalb war sie nicht so erschrocken wie manch andere über die ungewöhnlichen Ereignisse an jenem Sonntagvormittag.

Als meine Tränen versiegten, blickte der Pfarrer mich mitfühlend an und sagte: «Wir müssen reden.»

Leider musste er gleich darauf gehen, um in einem anderen Dorf einen Gottesdienst zu halten, aber er wollte mich nicht mir selbst überlassen. Also schlug er eine Zeit am Dienstagvormittag vor, um sich mit mir zu treffen – um neun Uhr im Pfarrhaus. Das passte mir gut. So sehr ich auch reden wollte, wusste ich, dass ich zur Mahlzeit ins Kloster zurückgehen musste, denn ich wollte nicht, dass mich jemand vermisste.

Ich verließ die Kirche voller Hoffnung. Schon jetzt ging es mir viel besser, und auf dem Weg zurück zum Tempel federten meine Schritte. Endlich hatte ich meine verborgenen Ängste jemandem mitgeteilt, und nachdem für mich gebetet worden war, hatte sich tief in meinem Innern eine große Erleichterung in meinen Gefühlen und Konflikten breitgemacht. Ich wusste nicht, was geschehen war, aber irgendwie schien es bergauf zu gehen. Vielleicht konnte dieser Gottesmann mir helfen, Antworten zu finden.

Ich war erleichtert und erwartungsvoll. Wir würden uns bald wiedersehen; nur noch zwei Tage bis zu dieser besonderen Verabredung. Was würde er zu mir sagen? Konnte er meine Fragen beantworten? Irgendwie spürte und hoffte ich sehr, dass es so war. Ich wusste, dass ich niemandem in unserem buddhistischen Tempel von dem Treffen erzählen würde, weil ich Angst hatte, nicht verstanden zu werden. Ich würde es für mich behalten.

Jedes Mal, wenn ich in den nächsten beiden Tagen daran dachte, war es, als würde in einem dunklen Raum ein Licht eingeschaltet. Wie die Dinge sich doch verändert hatten – von meiner festen Gewissheit im buddhistischen Glauben zu der erwartungsfrohen Vorfreude auf das Gespräch mit einem anglikanischen Pfarrer!

Die anderen aus der Gemeinschaft würden am Abend zurückkehren. Ich musste meine Flucht planen.

2. Kindheit, Jugend und Studienzeit

«Denn ich allein weiß, was ich mit euch vor-
habe: Ich, der Herr, werde euch Frieden schenken und euch aus dem Leid befreien. Ich gebe
euch wieder Zukunft und Hoffnung. Wenn ihr
dann zu mir ruft, wenn ihr kommt und zu mir
betet, will ich euch erhören. Wenn ihr mich
sucht, werdet ihr mich finden. Ja, wenn ihr
mich von ganzem Herzen sucht, will ich mich
von euch finden lassen.»

Jeremia 29,11–14

Ich wurde 1956 in der Nähe von Liverpool in England geboren.
Meine Eltern wohnten damals zur Miete, mein Vater war in der
Royal Air Force, und ich war das zweite Kind. Mein Bruder Derek war nur vierzehn Monate vor mir auf die Welt gekommen,
und so hatten meine Eltern alle Hände voll zu tun. Unsere
überraschende Ankunft war für sie ein ziemlicher Schock, vor
allem nachdem sie acht Jahre lang auf ihr erstes Kind hatten
warten müssen. Sie hatten schon angefangen, sich an den Gedanken zu gewöhnen, dass sie vielleicht gar keine Kinder haben konnten. Und dann kamen wir beide so schnell hinter-
einander!

Plötzlich waren da zwei kleine Wesen, die viel Zeit und Aufmerksamkeit benötigten, und Windeln für zwei Babys mussten
gewechselt und gewaschen werden. Da wir vom Alter her nicht

weit auseinander und die meiste Zeit ungefähr gleich groß waren, hielten viele Leute uns für Zwillinge. Von Anfang an waren mein Bruder und ich beinahe unzertrennlich; wo einer von uns war, fand man für gewöhnlich auch den anderen.

Mutters Schwangerschaft mit mir war nicht leicht. Im sechsten Monat bekam sie heftige Blutungen, woraufhin sie sich in Handtücher wickelte, zur Telefonzelle vor dem Haus lief und einen Krankenwagen rief. Sie hatte große Angst, das Baby zu verlieren. Zehn Tage lang lag sie im Krankenhaus, und während dieser Zeit kam ein Pastor und bot an, mit ihr zu beten. Meine ungläubige Mutter willigte ein. Der Arzt hatte ihr erzählt, es könne durchaus sein, dass nur eine von uns beiden überleben würde, wenn die Zeit der Geburt kam. Sie hatte Angst, und so bat sie Gott, von dem Pfarrer ermutigt, uns beide zu retten. Außerdem weihte sie Gott ihr Kind, von dem sie nicht wusste, ob es ein Junge oder ein Mädchen war. Sie ging nach Hause und gönnte sich während der restlichen Schwangerschaft viel Ruhe. Wunderbarerweise überlebten wir beide die Geburt – Mutter und Kind ging es gut, und ihr Gebet war erhört worden. Nach einer angemessenen Zeit, wie es damals üblich war, ließen meine Eltern sowohl meinen Bruder als auch mich taufen.

Trotz dieses anscheinend christlichen Anfangs empfanden meine Eltern der Kirche gegenüber eigentlich eine ziemliche Verbitterung und Wut. Mein Vater war als Kind in den zwanziger Jahren in ein sehr Dickensisch anmutendes Waisenhaus der Polizei unweit von London gesteckt worden, nachdem sein Vater gestorben war. Das war für ihn schmerzlich und verwirrend gewesen, weil seine Mutter damals noch lebte und er nicht verstehen konnte, warum er nicht bei ihr wohnte, sondern in diesem schrecklichen Waisenhaus.

Er erhielt nie eine Antwort auf diese Frage. Dort hatte er meistens Hunger, er vermisste seine Mutter sehr, und es fehlte ihm an echter Liebe und an Beziehungen zu anderen. Außer-

dem wurde er gezwungen, jeden Sonntag in die Kirche zu gehen und sich anzuhören, was er als harte, strenge Botschaft
empfand. Er hasste es, im Waisenhaus zu sein, und die Kirche
mochte er auch überhaupt nicht. Das Einzige, was er seiner
Meinung nach von der Kirche hatte, waren einige geklaute
Münzen aus dem Klingelbeutel, der durch die Reihen ging. Damit konnte er etwas kaufen, um seinen Hunger zu stillen.

Meine Mutter war auf dem Land in East Anglia aufgewachsen, dem östlichen Teil Englands. Ihre Familie führte ein einfaches Landleben, aber sie hatten es nicht leicht, und das Geld
war oft knapp. Ihr Vater war Gärtner und ein sehr engagierter
Gemeindeleiter in der Kirchengemeinde am Ort, ein religiöser,
strenger Mann, aber auch ein liebevoller Vater. Sonntags
musste meine Mutter in ihrem besten Kleid und zusammen
mit ihren vier Geschwistern dreimal in die Kirche gehen, um
einen Gott anzubeten, den sie weder richtig kannte noch verstand. Es war für sie nichts als eine Pflicht und schürte ihren
Groll gegen die Kirche, der den größten Teil ihres Lebens an-
hielt. Bei all diesen religiösen Verpflichtungen ihrer Kindheit
gelang es ihr offenbar nie, dem Gott zu begegnen, zu dem sie
beten und den sie loben sollte.

Als meine Eltern sich in London kurz nach dem Zweiten
Weltkrieg kennenlernten, war mein Vater bereits verheiratet
und hatte einen zweijährigen Sohn. Meinem Vater ging es nicht
gut, nachdem er einer der wenigen Kanoniere in der Air Force
gewesen war, die den Krieg überlebt hatten. Viele seiner Kame-
raden waren umgekommen. Seine Nerven waren zerrüttet, er
trank zu viel und hatte Albträume, und er bekam kaum Unterstützung dabei, seine traumatischen Erlebnisse zu verarbeiten.

Mutter war nach London gezogen und arbeitete als Köchin
in einer Jungenschule. Die beiden trafen aufeinander, verlieb-
ten sich heftig und suchten im anderen Trost und Zuflucht. Vater verließ seine erste Frau und seinen Sohn und heiratete

meine schöne, viel jüngere Mutter. Mutter vergötterte meinen Vater und sorgte sehr gut für ihn, indem sie ihn tröstete und gesund hegte und pflegte. Gemeinsam fingen sie im Nachkriegs-London neu an und führten ein sehr glückliches Leben, zu dem Gott eindeutig nicht dazugehörte. Sie tanzten und feierten in die Zukunft hinein und versuchten, ihre Vergangenheit abzuschütteln.

Als ich zwei war, in den späten 1950ern, wurde mein Vater für zwei Jahre nach Singapur versetzt. Wir lebten nach unserer Ankunft mit dem Schiff dort als Familie zusammen. (Mein Halbbruder war nicht bei uns und spielte während meiner Kindheit auch kaum eine Rolle. Er tauchte einige Jahre später wieder in unserem Leben auf, als wir erfuhren, dass er nach Australien ausgewandert war, um sich dort eine neue Existenz aufzubauen.)

Was wir alle damals entwickelten, war eine große Liebe und Verehrung für die Chinesen und eine Freude am Leben in Asien. Meine Mutter hatte dort viel Freizeit und beschloss, Nähkurse zu besuchen, in denen einige Chinesen ihr beibrachten zu nähen und auf dem Boden eigene Schnittmuster aus Zeitungen anzufertigen, was sie bis heute beherrscht. Es bereitete ihr großes Vergnügen, viele schöne Kleidungsstücke für sich selbst und für ihre Lieben zu schneidern. Schließlich betrieb sie von zu Hause aus eine kleine Änderungsschneiderei, was sie viele Jahrzehnte lang tat und selbst jetzt, mit über Achtzig, noch tut, wenn auch in geringerem Maße. Sie spricht immer voller Dankbarkeit über die Chinesen, die ihr das Nähen beibrachten.

Während Mutter ihren diversen Freizeitaktivitäten nachging, blieb ich mit einem Dienstmädchen aus Malaysia daheim, und mit ihr verband mich eine enge Beziehung, vielleicht sogar eine innigere, als ich sie damals mit meiner Mutter hatte. Das

Mädchen schien unendlich viel Zeit für mich zu haben, aber Mutter war oft fort.

Irgendwann verließen wir Singapur für einen einmonatigen, sehr schönen Familienurlaub in Hongkong. Es war faszinierend, die chinesischen Männer mit ihren Rikschas, von denen es damals viele gab, durch die Straßen eilen zu sehen. Wir haben wundervolle Familienfotos, auf denen mein Bruder Derek und ich als Drei- und Vierjährige neben meiner Mutter stehen und uns an ihrem farbenfrohen weiten Fünfziger-Jahre-Rock festhielten und darauf warteten, dass wir eine Straße überqueren konnten. So «beförderte» sie uns, fest an ihren Rock geklammert, und wir durften auf keinen Fall loslassen, bis wir ganz und gar in Sicherheit waren! Sie hatte und hat immer noch einen erstaunlichen Sinn für Mode und genießt Farben und Formen bei den Stoffen, die sie auswählt. Und meist ist sie sehr schick angezogen.

In den frühen sechziger Jahren kehrten wir alle nach England zurück, diesmal mit dem Flugzeug.

Ich war ein sensibles Kind, ebenso wie mein Bruder, und obwohl meine Eltern taten, was sie konnten, konnten sie in ihrer eigenen Bedürftigkeit und Gebrochenheit nicht all unseren Bedürfnissen gerecht werden, vor allem was die Gefühlsebene betraf.

Als ich sechs Jahre alt war, lebten wir auf einem Stützpunkt der Royal Air Force in der Mitte Englands, und mein Vater wurde nach Borneo geschickt, um dort im Bürgerkrieg zu kämpfen. Es war ein schwieriger und gefährlicher Einsatz. Das machte meine Mutter verständlicherweise nervös, weil sie mit zwei kleinen Kindern zu Hause blieb und nicht wusste, ob mein Vater jemals zurückkommen würde, da es in diesem Krieg durchaus Opfer gab. Mutter fühlte sich sehr verunsichert und unbehaglich.

Die Folge davon war, dass sie nervlich schwer erkrankte,

während mein Vater fort war. Sie kam in medizinische Behandlung, und mein Vater wurde von Borneo zurückbeordert, um sich um sie zu kümmern und ihr zu helfen. Es dauerte eine Weile, bis es ihr wieder besser ging, und mein Bruder und ich mussten in dieser Zeit trotz unserer Jugend lernen, keine Bedürfnisse zu haben. Mutter erhielt medizinische Hilfe in unterschiedlicher Form, aber am Ende behauptete sie, was ihr am meisten geholfen habe, sei die Hypnose gewesen.

Später erkannte ich, dass einige dieser traurigen Ereignisse in unserer Kindheit bei meinem Bruder und mir tiefe emotionale Wunden hinterlassen hatten.

Ich war ungefähr sieben Jahre alt, als es Mutter allmählich wieder besser ging. Ich weiß noch, dass sie uns zu einer Séance bei einer Nachbarin mitnahm. Manchmal fühlte sie sich zu diesen merkwürdigen Dingen hingezogen. Gelegentlich besuchte sie zusammen mit meiner Tante eine Wahrsagerin oder eine Handleserin, während mein Bruder und ich im Auto warteten. Dass ich in so jungen Jahren mit diesen Dingen in Berührung kam, öffnete für mich eine faszinierende Tür in die Welt des Okkulten, mit dem ich mich in meiner Jugend und als junge Erwachsene immer wieder beschäftigte.

Jahrelang wurde mein Vater wütend, wenn er die Stimme eines Pastors hörte. Der Schmerz seiner Kindheit und die grobe Vernachlässigung, die er erlebt hatte, saßen tief, und er hatte das Gefühl, dass die Kirche ihm nie wirklich geholfen hatte (abgesehen von den «Vergünstigungen» aus dem Kollektenbeutel). Zusammen hegten meine Eltern ihre Abneigung gegen die Kirche. Ich wuchs in dieser Atmosphäre auf und fing automatisch an, ebenso zu denken, zu reden und mich zu verhalten wie sie. Meinem Bruder ging es genauso.

Ich weiß noch, wie ich einmal auf eine Bibel den Satz «Die Christen sind ein Witz, und das Christentum ist nutzloser Unsinn» kritzelte, so wenig Respekt hatte ich vor dem Wort Gottes.

Und kein Religionslehrer – von denen die meisten bedauerten, mich in ihrer Klasse zu haben – konnte mich vom Gegenteil überzeugen (Rebellion und ein starker Wille waren bei allen Mitgliedern unserer Familie sehr ausgeprägte Charakterzüge!).

Als ich älter wurde, war ich stolz darauf, mich als Atheistin zu bezeichnen – nicht, dass ich völlig verstanden hätte, was das bedeutete, aber es sagte mir ganz klar, dass Gott keine Rolle spielte. Meine Lebensphilosophie damals war, meinen eigenen Vorteil zu suchen, wie mein Vater es mir beigebracht hatte, und das tat ich auch, überzeugt davon, dass ich tun und lassen konnte, was ich wollte, solange ich niemand anderem damit schadete.

Die ersten Jahre meines Lebens entbehrten jeglicher spiritueller Interessen und Sorgen, und wir alle schienen damit durchaus zufrieden zu sein.

Als Kind verbrachte ich viele Stunden mit meinem Vater im Garten. Ich leistete ihm dort Gesellschaft, was ihm gefiel und mich glücklich machte. Er gab mir mein eigenes kleines Beet im Garten, das ich hegte und pflegte, und er brachte mir bei, wie man die Saat darin zu Pflanzen zog. Er liebte die Arbeit in seinem Gemüsebeet; Blumen interessierten ihn nicht, weil man sie nicht essen konnte, wie er sagte.

Er war ein Mann, der gelernt hatte zu überleben. Es gelang ihm nie, seine Möhren in einer geraden Linie auszusäen, aber das war egal, weil sie trotzdem wuchsen und wir es genossen, sie zu ernten und zu essen.

Im Laufe der Jahre entwickelte ich eine große Liebe zur Natur und zur Gartenarbeit und beschloss, dass ich den Gartenbau zu meinem Beruf machen wollte. Ich hatte die wunderbare Gelegenheit, in den Siebzigern drei Jahre lang an einer renommierten Gartenbau-Fachschule in London zu studieren, eine erstaunliche Chance für eine Achtzehnjährige. Es war eine Herausforderung und aufregend. Während ich mit Pflanzen aus aller Welt zu tun hatte, wurde in mir der Wunsch wach, zu reisen und einige dieser Pflanzen in ihrer natürlichen Umgebung zu sehen. Ich genoss meine Zeit am College und war davon überzeugt, dass ich mein Leben in einem Gartenbauberuf verbringen würde, vielleicht in einem abgelegenen botanischen Garten irgendwo, wo ich beispielsweise die seltenen Butterblumen der Welt rettete. Für Studierende des Colleges gab es unendliche Möglichkeiten.

Während meiner drei Jahre als Studentin in London lebte ich so, wie es mir gefiel. Manchmal konnte ich wie ein Kutscher fluchen und Unmengen trinken, ich rauchte, ging auf Partys und hatte wechselnde Beziehungen, darunter auch Abenteuer für nur eine Nacht. Das waren die siebziger Jahre: Meine Freundinnen und ich sonnten uns in unserer neu gefundenen Freiheit, sei sie sexueller oder anderer Art. Wir lebten, als wären wir unsere eigenen Götter, oft ohne Grenzen und frei – jedenfalls dachten wir das. Ich interessierte mich zunehmend für okkulte Praktiken, unter anderem für Séancen, Astrologie und Tarot-Karten.

Als ich einundzwanzig war, fühlte ich mich emotional erschöpft. Ich hatte drei Jahre lang auf der Überholspur gelebt und versucht, die Leere und Bedürftigkeit in mir zu füllen, indem ich Sicherheit und Glück in weltlichen Vergnügungen und verschiedenen Liebhabern suchte. Man braucht viel Durchhaltevermögen, vor allem emotional, um langfristig so zu leben, und ich war mit meiner Kraft am Ende und war sehr einsam geworden. Das Widersinnige war, dass dieses Leben die Isolation und Verzweiflung nur noch verstärkte, anstatt sie zu lindern. Die Sorge um meinen eigenen Vorteil hatte mich an einen trostlosen Ort geführt, und insgeheim wusste ich, dass sich etwas ändern musste.

Ich erinnere mich noch an die Abschlussfeier, bei der uns unsere Diplome überreicht wurden. Es war einer der besten

Tage meines Lebens, denn ich hatte meine Prüfung erstaunlicherweise mit Auszeichnung bestanden. Weil ich den Gedanken zu versagen nicht ertragen konnte, hatte ich sehr fleißig gearbeitet, so dass ich zu den besten Studenten gehörte. Konnte ich jetzt meinen Traum, Pflanzenschützerin zu werden, in die Tat umsetzen, vielleicht auf einer einsamen tropischen Insel, wo ich die Flora der Wildnis retten würde? Das wäre eine wunderbare und sinnvolle Arbeit.

Aber als ich mit dem Diplom in meiner Hand vor dem College stand, kam mir plötzlich der Gedanke: «Wozu das alles? Was für einen Sinn hat es letztes Endes? Ist das wirklich alles? Ist das der wahre Sinn des Lebens, oder gibt es da noch etwas anderes?»

Mir wurde bewusst, dass ich noch immer viele Fragen hatte, und in diesem Augenblick wusste ich, dass ich mein Leben nicht mit Botanik verbringen konnte. Das, wofür ich so engagiert gearbeitet hatte, wollte ich plötzlich nicht mehr.

Doch was suchte ich stattdessen? Ich war ganz durcheinander. Ich brauchte Zeit zum Nachdenken und um mir über meine Gefühle klar zu werden. Die ereignisreiche Reise auf der Suche nach der Wahrheit sollte beginnen.

3. Zum Buddhismus hingezogen

> «Wir wissen nicht, wer wir sind, und suchen
> unsere Identität bei jemandem oder etwas an-
> derem als Gott, bis wir uns in ihm finden.»[2]
>
> *Leanne Payne*

In dieser Situation nahm ich mir eine Auszeit. Genau genommen blieb mir gar nichts anderes übrig. Ich hatte nicht den
Wunsch, den Beruf, für den ich studiert hatte, weiter zu verfol-
gen, obwohl ich die Arbeit mit Pflanzen immer noch liebte. In
meinem Kopf wirbelten die Fragen durcheinander, und ich
brauchte Zeit zum Nachdenken: «Wer bin ich?» – «Worum geht
es im Leben?» – «Was geschieht, wenn man stirbt?»

Meine spirituelle Seite, die so viele Jahre lang unterdrückt
worden war, brach nun machtvoll durch. Ich war auf einer verzweifelten Suche nach Antworten, und diese Sehnsucht war
stärker als der Wunsch, in meinem Beruf zu arbeiten. Im Alter
von einundzwanzig Jahren wurde für mich die Suche nach der
Wahrheit zum wichtigsten Lebensinhalt. So wie ein Ertrinken-
der Luft braucht, so musste ich diese Wahrheit finden. Sie
wurde meine entscheidende Antriebskraft und Motivation. Im
Vergleich zu ihr war alles andere bedeutungslos.

Jetzt wusste ich wenigstens, wonach ich suchte. Und die Herausforderung, vor der ich stand, lautete: Was ist die Wahrheit,
und woher weiß ich, ob sie wahr ist, wenn viele Lehren und
Religionen sie für sich beanspruchen?

Ich lebte in London, wo es ein buntes Angebot verschiedenster spiritueller Richtungen gab, also besuchte ich unterschiedliche Gruppen, darunter auch die der Hare Krishna, und hörte den Zeugen Jehovas zu. Ich versuchte, zur Kirche zu gehen, aber ich kam nicht mit dem zurecht, was mir in meiner Kindheit systematisch verleidet worden war, und irgendwann sagte jemand zu mir:

«Du klingst wie eine Buddhistin.»

Ich hatte immer geglaubt, Buddhisten seien friedlich und mitfühlend, und so dachte ich: «Vielleicht bin ich ja Buddhistin, vielleicht entspricht das meinem wahren Wesen.»

Also meldete ich mich auf eine Anzeige im Veranstaltungsblatt «Time Out», in der Einführungskurse in den Buddhismus angeboten wurden. Dort lernte ich einen Engländer kennen, der mir Mut machte, zu einem Tempel im Norden Londons zu gehen, der von einem buddhistischen Mönch aus Sri Lanka geleitet wurde. Kurz darauf machte ich mich auf den Weg dorthin.

Der buddhistische Mönch war ein geduldiger, gebildeter Mann, der Antworten auf meine vielen Fragen zu haben schien. Ich schüttete ihm mein Herz aus. Er hatte sogar Fragen, auf die ich selbst nicht einmal gekommen war! Was er lehrte, sprach meinen Intellekt an, und da Buddha in keiner Weise Gott anerkannte, fiel es mir ausgesprochen leicht, seine Lehren anzunehmen.

Ich war von dem Mönch und vom Buddhismus sehr beeindruckt, und schon bald besuchte ich im Tempel wöchentliche Kurse über den Buddhismus. Es dauerte nicht lange, bis ich mich selbst als Buddhistin bezeichnete – eine Anhängerin des Buddhismus, die nicht ordiniert ist und ein ganz normales Arbeits- und Familienleben führt. Damit fühlte ich mich wohl. Es gab keinen Initiationsritus, um eine solche Buddhistin zu werden, aber für mich bedeutete es, dass ich mich bemühte, den Lehren Buddhas zu folgen.

Ich fing an, die fünf buddhistischen Richtlinien zu beachten: kein Leben zu zerstören, nicht zu stehlen, keinen Ehebruch zu begehen, nicht zu lügen und keine berauschenden Getränke zu mir zu nehmen. Tief in meinem Innern hatte ich das Gefühl, dass ich ein Mittel gefunden hatte, durch das ich entdecken konnte, was ich suchte.

Ich stellte Nachforschungen an und fand heraus, dass Buddha ein Mann gewesen war, der im sechsten Jahrhundert vor Christus geboren worden war, ein Prinz einer königlichen Familie in einer Region, die damals im Norden Indiens lag, dem heutigen Nepal. Sein Vorname war Siddhartha und sein Familienname Gautama (in der Pali-Sprache: Siddhatta Gotama). In jungen Jahren heiratete er eine schöne Prinzessin und genoss ein Leben mit Luxus, Privilegien und Vergnügungen. Sein Vater sorgte dafür, dass er nie mit Schmerz, Leid oder Tod in Berührung kam, bis er eines Tages von zu Hause fortlief, weil er neugierig war, was außerhalb der schützenden Palastmauern vor sich ging.

In den überlieferten Geschichten wird erzählt, dass er herumzog und viele Dinge zum ersten Mal sah, zum Beispiel einen alten Menschen, einen Kranken, eine Leiche und einen Mönch. Es wird berichtet, dass er entsetzt und zutiefst berührt war, als er mit der Realität menschlichen Leidens und mit Krankheit und Tod konfrontiert wurde.

Nachdem er diese «Zeichen» gesehen hatte, verspürte er das tiefe und dringliche Verlangen, einen Weg aus dem Leid zu finden. Diese Gedanken wurde er nicht wieder los, und bald darauf, im Alter von neunundzwanzig Jahren, kurz nach der Geburt seines einzigen Kindes, floh er wieder aus dem Palast, um ein Asket zu werden, der die Welt aufgegeben hatte, um Antworten zu finden.

Obwohl unsere Motivation nicht die gleiche war (das Hauptziel des Buddha war es, zu fliehen und ein Ende des Leidens zu finden, während ich auf der Suche nach der Wahrheit war), konnte ich Siddharthas Gefühle sehr gut nachempfinden. Er hatte Privilegien genossen (und ich hatte mit aller Macht versucht, Erfüllung in weltlichen Vergnügungen zu finden), aber der Reichtum war nicht genug gewesen. Etwas hatte ihn gedrängt, sich auf die Suche nach Antworten zu begeben.

Siddhartha begann seine Suche, indem er den religiösen Lehrern seiner Umgebung folgte und verschiedene strenge Praktiken wie Selbstverleugnung und Selbstkasteiung und manchmal extremes Fasten durchführte. Doch dadurch fand er nicht die Antworten, die er suchte, also gab er die bekannten Methoden auf, um stattdessen seinen eigenen Weg zu finden.

Inzwischen war er sehr schwach vom Fasten, und er kam wieder etwas zu Kräften, indem er etwas aß. Eines Abends, während er darüber nachdachte, wie er ein Ende des Leidens finden könnte, saß er unter einem Feigenbaum an einem Fluss in Nordindien und meditierte. Dabei machte er eine ungewöhnliche und extreme Erfahrung, die als «Erleuchtung» bekannt wurde und nach der er als Buddha bezeichnet wurde. Er war fünfunddreißig Jahre alt. Die Erfahrung unterm Feigenbaum ist bis heute das Ziel des Buddhismus.

Kurz darauf fing Buddha an, die philosophischen Lehren weiterzugeben, die er unter dem Baum erkannt hatte, und es dauerte nicht lange, bis Männer und Frauen ihm nachfolgen wollten. So entstand der Orden buddhistischer Mönche und Nonnen. Fünfundvierzig Jahre lang lehrte er alle möglichen Menschen, reiste kreuz und quer durch Indien. Er behauptete nie, Gott zu sein oder auch nur ein «kleiner» Gott, sondern nur: ein Mensch. Er starb im Alter von achtzig Jahren und wurde eingeäschert.

Mich beeindruckte der Gedanke, dass Buddha behauptete, die Wahrheit *selbst* gefunden zu haben. Er sagte, alle seine Erkenntnisse seien eine Folge seiner eigenen Bemühungen und seiner eigenen menschlichen Intelligenz. Er beanspruchte keine Hilfe von Gott oder irgendeinem außerirdischen Wesen für sich und sagte, jeder Mensch sei sein eigener «Herr». Er bestritt geradezu, dass Gott oder eine andere Macht über unser Schicksal entscheiden. Da ich, wie meine Eltern, nicht an Gott glaubte und all das eher schwierig und ärgerlich fand, ergab Buddhas Lehre einen Sinn für mich. Mir gefiel der Gedanke, die Wahrheit selbst zu entdecken.

Das Ziel Buddhas schien mir damals sehr attraktiv. Es war wie ein frischer Lufthauch nach dem anderen Extrem der Genusssucht und der daraus resultierenden emotionalen Erschöpfung, die ich abzuschütteln versuchte. Doch obwohl Buddhas Ziel unter vielen verschiedenen Namen bekannt ist – zum Beispiel unter dem Sanskrit-Begriff Nirwana –, habe ich die Erfahrung gemacht, dass die meisten Menschen das wahre Wesen dieses Ziels nicht kennen. Selbst buddhistischen Mönchen fällt es schwer, es zu erklären. Es wird als «Auslöschung» und «Bedingungslosigkeit» bezeichnet, ein Zustand, in dem das Nichts und die Abwesenheit von Wünschen oder Verlangen das höchste Ziel ist; der Ort, «an dem alles Werden endet».

Ein anderer Aspekt der Lehre Buddhas, den ich gut fand, war sein Gedanke, dass die Welt und alles, was in ihr ist, seien es geistige oder körperliche Phänomene, unbeständig und unzulänglich sind. Er behauptete, niemand habe ein Selbst oder eine Seele; wir sind nur Bündel sich verändernder Elemente unterschiedlichster Natur. (Paradoxerweise lehrte er jedoch, dass wir uns auf uns selbst verlassen müssen – auf ein Selbst, von dem er behauptete, es existiere nicht –, um einen Weg aus dem Leid zu finden.)

Der Gedanke, keine Seele zu haben («niemand zu Hause»), klang vernünftig und war mir vertraut. Ich litt nicht unter Depressionen, aber manchmal hatte ich das Gefühl einer inneren Leere, so als wüsste ich nicht, wer ich war oder wohin ich gehörte. Der Buddhismus bestätigte mich darin, indem er lehrte, dass es kein dauerhaftes Selbst oder Ich gibt, und ich übernahm diese Lehre ohne langes Zögern. Der Gedanke, nichts zu sein und nichts und niemanden zu haben, war mir zu diesem Zeitpunkt vertrauter und lieber als die Fähigkeit, mich am Leben zu freuen.

Doch wenn ich jetzt zurückblicke, weiß ich, dass diese Gefühle der Leere *nicht* meinem eigentlichen Wesen entsprachen, sondern dass es Gründe gab, warum ich mich so fühlte. Diese Gefühle hatten ihren Ursprung in einem Mangel an ausreichender Unterstützung, Bestätigung und Sicherheit in meiner Kindheit (kurz gesagt, eine Art emotionaler Ur-Entbehrung), die gelegentlich zu einem Mangel an Wohlbefinden und Selbstwertgefühl führte.

Inzwischen weiß ich auch, dass diese Gefühle nicht nur eine Ursache, sondern auch eine Lösung haben: Sie selbst sind nicht die letztendliche Wirklichkeit oder Wahrheit. Ich erkenne jetzt, dass die Lehre vom Nichtvorhandensein einer Seele ein großer Irrtum ist, der katastrophale Folgen hat (auf Seite 163 f. finden Sie ein Gebet, mit dem Sie Gott um seine Bestätigung Ihrer Identität und Ihres wahren Wesens bitten können).

Durch die Lehre, dass wir kein Selbst und keine Seele haben, wird eigentlich alles, was an einem Menschen einzigartig ist, geleugnet. Da diese wesentlichen Bestandteile unseres Menschseins im Buddhismus nicht erkannt oder anerkannt werden, werden sie in uns übersehen und nicht positiv bestätigt. Dadurch wird es unmöglich zu erkennen, wer wir wirklich sind oder warum wir geboren wurden, weil wir nicht das ganze Bild des Menschen sehen, als der wir geschaffen wurden.

Wenn ich jetzt zurückblicke, denke ich an das Samenkorn eines mächtigen Baumes, das beim Keimen unter einem großen Stein gefangen ist, so dass es nie ans Licht gelangen kann; es lebt vielleicht, aber es kann sich nicht zu der Fülle, Größe und

Schönheit entwickeln, für die es geschaffen wurde. Wenn wir bestreiten, dass wir ein Selbst, eine Seele haben, kann die innewohnende Einzigartigkeit, Fülle und Schönheit jedes einzelnen Lebens nicht aufblühen und nicht vollkommen offenbaren, wer wir im tiefsten Innern sind.

Im Gegensatz zum Buddhismus ist die Lehre von der Seele und dem Selbst im Christentum ein zentraler Bestandteil. Doch erst viel später las ich in der Bibel das Gebet des Apostels Paulus: «Möge Gott euch mit seinem Frieden erfüllen und euch helfen, ohne jede Einschränkung ihm zu gehören. Er bewahre euch, damit ihr fehlerlos seid an Geist, Seele und Leib, wenn unser Herr Jesus Christus kommt» (1. Thessalonicher 5,23).

Damals, während mein Interesse am Buddhismus zunahm, hatte ich allmählich das Gefühl, dass ich gefunden hatte, was ich suchte und was meine Fragen beantwortete, und im Laufe der Jahre wurde mein Interesse immer intensiver. Ich las buddhistische Bücher und besuchte viele Kurse und Meditationsübungen an verschiedenen Orten. Obwohl ich oft umzog und reiste, versuchte ich immer, in der Nähe eines buddhistischen Tempels zu wohnen, damit ich weiterlernen und den Buddhismus besser verstehen konnte.

Ich fand heraus, dass die Art von Buddhismus, die ich von dem Mönch aus Sri Lanka gelernt hatte, «Theravada-Buddhismus» hieß und hauptsächlich in Ländern wie Sri Lanka, Thailand, Burma (Myanmar), Kambodscha und Laos zu finden war. Aber es gab noch eine andere Richtung, den «Mahajana-Buddhismus», der in Regionen wie Tibet, der Mongolei, China, Taiwan, Japan und Korea beheimatet ist. (Der Dalai Lama ist zum Beispiel ein tibetischer Mönch der Mahajana-Tradition.)

1979, zwei Jahre nachdem ich Buddhistin geworden war, beschloss ich, an einer buddhistischen Tagung mit zwei tibetischen Lamas (Mönchen) im nepalesischen Kathmandu teilzunehmen und einen Monat lang den Mahajana-Buddhismus zu studieren. Dies war meine erste Einkehrtagung und das erste Mal seit meiner Kindheit, dass ich nach Asien zurückkehrte. Doch was ich dort erlebte, sprach mich nicht so an, wie der Theravada-Buddhismus es getan hatte. Ich spürte im tibetischen Buddhismus etwas, das mir zu dunkel und geheimnisvoll war – später erfuhr ich, dass er mit anderen okkulten Praktiken vermischt ist –, und ich fühlte mich wohler mit dem, was ich kannte.

Obwohl ich einen Großteil meiner Ausbildung und Lehre von dem Mönch aus Sri Lanka erhalten hatte, fuhr ich gleichzeitig auch zu einem buddhistischen Tempel im Süden Englands. Diesen Tempel hatte ein amerikanischer Mönch gegründet, und die Gemeinschaft dort bestand überwiegend aus westlichen Mönchen und Nonnen. Der Gründer hatte zehn Jahre lang in den Wäldern Thailands gelebt und bei einem berühmten thailändischen Meister der buddhistischen Meditation gelernt. Eine englische Freundin von mir, die eine Anhängerin des Londoner Mönchs aus Sri Lanka gewesen war, hatte sich dort weihen lassen, also wollte ich sie besuchen.

Von Anfang an wusste ich, wenn ich mein normales Leben aufgeben und buddhistische Nonne werden (mit anderen Worten: ordiniert werden) sollte, würde ich mich dort weihen lassen, weil die Gemeinschaft so ernsthaft und engagiert wirkte. Ich genoss es, über den Buddhismus mit anderen Menschen aus dem Westen zu sprechen, die ihm ihr Leben widmeten.

Allmählich wuchs in mir der Wunsch, den internationalen Tempel im Nordosten Thailands zu besuchen, wo viele der älteren Mönche gelebt und gelernt hatten. Es war für mich aufregend, aber auch eine Herausforderung, mich in dieser Gemeinschaft zu bewegen. Konnte ich jemals wie diese Menschen werden?

Mein Leben war jetzt sehr viel einfacher als zuvor: Ich trank keinen Alkohol und hatte dauerhaftere Beziehungen. Die Folge davon war, dass ich mich bei Partys oft nicht wohlfühlte. Ich weiß noch, wie ich zur Geburtstagsfeier einer Freundin ging und mir ganz fehl am Platze vorkam, während ich an meinem Orangensaft nippte und nach einer Ausrede suchte, um gehen zu können. In der Vergangenheit hätte ich den Laden aufgemischt! ...

Die Dinge hatten sich verändert, und ich wusste es. Ich neigte immer mehr dazu, zu meditieren und mich in die Lehren Buddhas zu vertiefen, mich zurückzuziehen und ein einfaches Leben zu führen. Die Welt «loszulassen», nichts mit ihr zu tun haben zu wollen, brachte mir eine Art Frieden – einen Frieden, der aus einer Entbehrung sinnlicher Reize entsprang, aus der Abwesenheit von Stimulation.

Während mein Interesse am Buddhismus wuchs, verlor der Gedanke an meinen Beruf immer mehr an Bedeutung. Es war deutlich, dass die Suche nach der Wahrheit und dem spirituellen Ziel meine oberste Priorität war und bleiben würde. Ich war sehr dankbar für die Zeit des Studiums an der Gartenbau-Fachschule, und oft hatte meine Arbeit etwas mit Pflanzen zu tun. Aber die Arbeit war jetzt ausschließlich ein Mittel, um die Suche nach der Wahrheit zu finanzieren.

Mein Freundeskreis bestand inzwischen überwiegend aus Buddhisten oder Menschen, die dem Buddhismus positiv gegenüberstanden, oder solchen, die ich im Tempel kennenlernte. Manchmal Engländer, manchmal Asiaten. Ich hatte eine gute Freundin in London, die aus Sri Lanka kam, eine verheiratete Frau mit Kindern, und sie lud mich regelmäßig freitags abends zu sich nach Hause ein, um ihr fantastisches Curry zu essen. Meine asiatischen Freunde fanden es gut, dass ich mich für den Buddhismus interessierte. Meine Eltern bekamen von der Veränderung, die in mir vorging, nichts mit, weil wir meist nicht über unsere Gefühle und Gedanken sprachen – so nah standen wir uns nicht. Und ich legte auch gar keinen Wert darauf, es ihnen zu erzählen, weil ich das Gefühl hatte, sie würden es nicht verstehen.

Meine Reise nach Nepal hatte mich auf den Geschmack gebracht, und ich begann immer mehr in Asien zu reisen. Ich wollte sehen, welche Wirkung der Buddhismus auf die Kulturen und Menschen der buddhistischen Länder hatte, denn in vielen dieser Länder sind die Sprache, das Denken, der Glaube und das tägliche Leben der Menschen sehr vom Buddhismus geprägt. So verbrachte ich 1980/81 fünf Monate damit, in verschiedene Regionen Asiens zu reisen.

Zuerst fuhr ich nach Sri Lanka, das ich gerne besuchen wollte, weil der Mönch in London so viel davon erzählt hatte. Dort reiste ich herum und blieb eine Zeitlang an verschiedenen Orten, zum Beispiel in Colombo und Kandy. Ich besuchte eine Reihe buddhistischer Tempel und unternahm meine erste Einzeleinkehr in einem Tempel.

Dort meditierte ich und las fast die ganze Zeit Bücher über den Buddhismus. Freundliche Menschen in Sri Lanka brachten mir jeden Tag etwas zu essen, so dass ich den Tempel nicht verlassen musste und infolgedessen nicht abgelenkt wurde. Ihre Gaben bestanden aus wundervollen Currys, Reis, exotischem Gemüse und Obst und köstlichem Joghurt aus Büffelmilch mit Palmensirup darüber. Sie schienen ehrlich erfreut darüber, dass eine Frau aus dem Westen sich bei ihnen aufhielt und den Buddhismus praktizierte. Aber trotz ihrer Freundlichkeit erinnere ich mich, dass mir die Einkehr nicht besonders gefiel. Ich wusste eigentlich nicht so recht, was ich dabei tun sollte, und hatte keinen Lehrer. Es war zu still, wie bei einer Einzelhaft. Ich war sehr erleichtert, als alles vorbei war und ich mich wieder unter Leute begeben konnte!

Dann schloss ich mich einer buddhistischen Pilgerreise nach Indien an, als einzige Frau aus dem Westen in einer Gruppe von etwa fünfunddreißig Buddhisten aus Sri Lanka.

Wir flogen von Colombo nach Madras (Chennai) im Süden Indiens und reisten von dort aus in nördlicher Richtung nach Kalkutta, Delhi und später nach Westen in Richtung Bombay (Mumbai). Einen Großteil der Reise legten wir mit dem Zug zurück und führten einen Monat lang ein einfaches Leben in einem Eisenbahnwaggon. Wir hatten sogar unsere eigenen Köche, die im Zug das Essen zubereiteten, so dass wir sicher sein konnten, dass es sauber war. Ich schlief in einem Abteil mit einer «Tante» und ein paar jüngeren Mädchen.

Ich war froh über das sichere Leben im Zug: Wir hatten Gitter vor den Fenstern. In beinahe jedem Bahnhof kamen Bettler angelaufen und streckten gierig die Hände aus, um Hilfe zu erbetteln, vor allem, wenn sie ein weißes Gesicht sahen. Eine solche Armut hatte ich noch nie gesehen. Wir besuchten Orte, die für Buddhisten von Interesse waren, zum Beispiel den Geburtsort Buddhas und wo er gestorben war oder unter dem Feigenbaum gesessen hatte, und wir hielten an verschiedenen Stellen Feiern ab.

Meine Freunde aus Sri Lanka fuhren mit dem Zug nach Mumbai weiter, aber ich verließ sie, um zum ersten Mal in meinem Leben nach Thailand zu fliegen. Ich wollte dort eine Weile in dem internationalen englischsprachigen Tempel im Nordosten verbringen, in dem der amerikanische Mönch, den ich aus England kannte, gelebt und studiert hatte. Ich war gespannt auf meinen Aufenthalt dort, bei dem ich mit eigenen Augen sehen würde, wie es war.

Ich kam in Bangkok, einer betriebsamen Stadt, an und suchte mir eine Unterkunft dort, wo die Touristen wohnten. Es war interessant, viele buddhistische Mönche mit ihren orangefarbenen Gewändern in Bangkok zu sehen. In England hatten die Mönche und Nonnen, denen ich begegnet war – sowohl asiatische als auch westliche –, auf die tadellose Einhaltung der buddhistischen Klosterregeln geachtet, soweit ich das beurteilen konnte, während ich in Thailand entsetzt feststellte, dass einige Stadtmönche rauchten und mit Geld hantierten, was wirklich gegen die Regeln verstößt! Aber das schreckte mich nicht ab.

Nach kurzer Zeit verließ ich erleichtert die Stadt und fuhr mit dem Nachtzug nach Ubon Ratchathani, einer Provinzstadt im Nordosten nahe der Grenze zu Laos. Es war ein erstaunliches Erlebnis, viele Meilen durch Reisfelder mit Büffeln zu fahren und die kleinen Farmen und einfachen Thai-Dörfer zu sehen. Auch hier schienen mir die Menschen arm zu sein, aber nicht in dem Maße, wie ich es in Indien gesehen hatte. Es war eine lange Reise, bei der mir bewusst wurde, wie groß Thailand ist.

Vom Bahnhof aus machte ich mich auf den Weg zum Tempel. Die Nonnen in England hatten mir zwar den Weg beschrieben, aber ich war schon sehr erleichtert, als ich endlich ankam. Der Tempel befand sich in einem natürlichen Wald, der zum Teil aus Teak-Bäumen bestand, und es war nicht weit bis zu einem kleinen Dorf. Der Tempel war von Reisfeldern umgeben.

Das Erste, was mir auffiel, als ich eintrat, war die Tatsache, dass die Wege durch den Wald ganz sauber gefegt waren. Zuerst sah ich keine Menschen, aber an den sauberen Wegen erkannte ich, dass Mönche hier leben mussten. Von da an schaute ich, wann immer ich zum Tempel zurückkam (was in den nächsten Jahren mehrmals der Fall war), nach, ob die Wege gefegt waren, als Zeichen dafür, dass die Mönche (oder irgendjemand sonst) noch da waren.

Damals lebte dort eine kleine Gemeinschaft aus westlichen Mönchen und zwei Frauen. Ich war froh, dass ich mit den beiden Engländerinnen reden konnte (eine von ihnen war Nonne, die andere stand kurz vor der Ordination), um mehr über ihr Leben zu erfahren und darüber, warum sie hier waren. Doch mein Aufenthalt war nur kurz. Ich war froh, dass ich den Tempel besucht hatte, aber mein Plan sah vor, dass ich weiterreiste und etwas Zeit in Japan verbrachte.

Es war Winter, als ich in Tokio ankam, kurz vor Weihnachten. In Japan kam ich mir eher wie eine Touristin vor. Ich kannte dort niemanden und war mit dem japanischen Buddhismus nicht sehr vertraut. Ich reiste etwas umher, fuhr nach Kyoto und sah mir die buddhistischen Tempel von außen an. Ich fand keinen Tempel, in dem ich hätte bleiben können, bereute aber die Reise dorthin trotzdem nicht. Es war interessant, die unterschiedlichen Gesichter des Buddhismus in verschiedenen Ländern zu sehen, die trotzdem alle aus der Lehre desselben Mannes entstanden waren.

Ich fand diese Reise nach Asien faszinierend. Meine Bindung an den Buddhismus wurde eindeutig stärker. Ich war jetzt seit sechs Jahren buddhistischer Laie und fragte mich, wohin dieser wachsende, tiefer werdende Glaube mich führen würde. Allmählich begann ich, mich im Innern eines buddhistischen Tempels wohler zu fühlen als draußen.

4. Der Wunsch, buddhistische Nonne zu werden

> «Du sollst das nicht anfassen, du sollst das
> nicht kosten, du sollst das nicht anrühren? ...
> Es sind Gebote und Lehren von Menschen, die
> zwar einen Schein von Weisheit haben durch
> selbst erwählte Frömmigkeit und Demut und
> dadurch, dass sie den Leib nicht schonen; sie
> sind aber nichts wert und befriedigen nur das
> Fleisch.»
>
> *Kolosser 2,21–23 (Lutherbibel)*

Im Juli 1983 zog es mich erneut in das internationale Waldklos-
ter im Nordosten Thailands. Diesmal wollte ich länger bleiben
und an der Einkehr in der Regenzeit teilnehmen, damit ich wie
eine buddhistische Nonne leben konnte, ohne tatsächlich eine
zu sein. Diese dreimonatige Übung unternehmen buddhistische Mönche und Nonnen jedes Jahr von Juli bis Oktober. Sie
verpflichten sich, im Tempel zu bleiben, schweigend Meditation und andere buddhistische Praktiken zu üben und nicht zu
reisen, wenn es nicht absolut unvermeidlich ist. (Diese Regel
stammt aus einer Zeit, als es noch schwierig war, während der
Regenzeit zu reisen.)

So befand ich mich also wieder in dem Nachtzug von Bangkok nach Ubon Ratchathani und fuhr dann mit dem Bus aufs
Land hinaus. Als ich ankam, waren keine Frauen im Tempel,
und ich würde den größten Teil der Zeit die einzige Frau dort

sein. Alle, die im Tempel lebten, wohnten allein in einfachen, kleinen hölzernen Thaihütten auf Pfählen überall im Wald, und der Bereich der Nonnen und Frauen war von dem der Mönche getrennt. Die Unterkunft war schlicht, und ich schlief auf einer Matte auf dem Boden. Wir hatten keinen elektrischen Strom, und es gab viele Mücken, die mit dem Regen noch zahlreicher wurden. Im Wald gab es auch viele gefährliche Schlangen, darunter Kobras, die gefährliches Gift spritzen konnten.

Unser Leben war einfach und kontemplativ. Unsere Hauptbeschäftigung war die Meditation, die wir allein in unseren Hütten oder gemeinsam übten, dann normalerweise im Schreinraum. Es gab verschiedene Formen der Meditation, darunter eine, die als «Achtsamkeitsübung» bezeichnet wurde. Ziel dieser Übung war es, eine Bewusstheit zu entwickeln und einen Zustand der Entrückung von der Welt zu erlangen, indem man versuchte, alles loszulassen (körperliche ebenso wie geistige Dinge, zum Beispiel Gedanken oder Gefühle). Buddha betrachtete diese Dinge als unbeständig und «ohne Selbst» und glaubte, dass eine Bindung an die Welt Leiden bedeutet. Er glaubte, diese Meditation könne helfen, den Weg aus dem Leid zu finden.

Wenn ich zurückblicke, sehe ich hier einen großen Widerspruch, wenn der Buddha uns lehrte, unsere eigenen Anstrengungen zu nutzen (wir sollten «eine Zuflucht nur für uns selbst» sein), um zu erkennen, dass wir kein Selbst haben. Ich sehe jetzt, dass das keinen Sinn ergibt, weil wir ein Selbst *haben*. Wir *sind* hier! Ein Mensch kann sich selbst oder die Welt nicht durch Beobachtung und Achtsamkeit «loslassen». Ich glaube nicht mehr, dass der Verstand die Fähigkeit hat, auf diese Art loszulassen, noch glaube ich, dass er dazu geschaffen ist.

Andere Formen der Meditation befassten sich mit dem Gedanken an den Tod, und eine weitere war die Praxis, Gedanken der Freundlichkeit und Güte an alle «fühlenden» Wesen im Universum «auszustrahlen». Für diese Themen gab es auch Gesänge. Die Mönche sprachen vom «wohlwollenden Universum», als gäbe es irgendwo da draußen eine große Duracell-Batterie des Wohlwollens, die Güte und Freundlichkeit ausstrahlt, aber sie erklärten eigentlich nie richtig, was sie damit meinten. Ich glaube, sie wussten es selbst nicht.

Unser Tag war ziemlich klar geregelt: Wecken um 3.00 Uhr morgens; Meditation und Singen (in Pali oder Englisch) von 4.30 bis 6.00 Uhr im Hauptschreinraum (dies umfasste alle Mönche, Novizen und interessierten Laien, die sich im Tempel aufhielten). Dann traten die Mönche ihre Almosenrunde an und baten im Dorf um Essen. Ich hatte auch Aufgaben, manchmal in der Küche, um bei der Zubereitung der Nahrungsmittel für das einzige Mahl des Tages zu helfen. Dann aßen wir zusammen, während wir im Schreinzimmer schweigend in geraden Reihen saßen, in hierarchischer Reihenfolge (die Mönche und männlichen Novizen zuerst). Dann konnte man sich nach der schweren Mahlzeit am späten Vormittag ausruhen.

Nachmittags hatten wir alle bestimmte Arbeiten zu verrichten. Ich fegte die Blätter von den Wegen oder putzte die Küche. Die Mönche reparierten zum Beispiel die Gebäude und Hütten, wenn es nötig war, oder nähten Gewänder. Manchmal lernten wir buddhistische Gesänge, normalerweise allein in unseren kleinen Hütten. Anschließend nahmen wir gemeinsam ein nachmittägliches Getränk zu uns, meist in der Hütte des Abtes. Abends wurde meditiert und gesungen, und manchmal hielt ein erfahrener Mönch einen Vortrag (meist auf Englisch). Dann ging ich im Dunkeln durch den Wald zu meiner kleinen Hütte zurück und versuchte, nicht an die Schlangen zu denken, während ich gleichzeitig mit der Lampe in der Hand nach ihnen Ausschau hielt.

Der einzige Tag der Woche, der anders verlief, war *wan pra* –

der «Tag der Mönche», der vom Mondkalender abhängig war. An diesen Tagen ruhten wir uns während des Tages mehr aus und meditierten abends länger.

Unser Leben war wirklich sehr einfach – es gab kein Telefon oder andere Kommunikationsmöglichkeiten mit der Welt außerhalb des Klosters, außer durch Briefe; kein Fernsehen, keine Musik und keinen Tanz. Ich weiß noch, dass ich mich damals oft einsam fühlte; stundenlang sah ich keinen Menschen. Manchmal kamen Thailänderinnen aus dem Ort zu Besuch, aber die meisten von ihnen sprachen kein Englisch, und ich konnte weder Thai noch den dortigen Dialekt. Sie waren jedoch sehr freundlich, und ihr Lächeln, ihre Aufmunterung und Freundlichkeit waren mir ein großer Trost.

Es gab viele Herausforderungen und Umstellungen bei einem Leben in einer so anderen Umgebung. Thailand war mir relativ fremd. Es gab auch vieles, was ich in Bezug auf das Leben im Tempel lernen musste, zum Beispiel, wie ich mich den Mönchen und den Bewohnern des Ortes gegenüber angemessen verhielt. Manchmal hatte ich das Gefühl, sehr weit von zu Hause fort zu sein, und ich vermisste meine Freunde.

Ich freute mich sehr auf Briefe. Am Ende des Jahres war ich immer noch im Tempel, und meine Mutter schickte mir einen ihrer köstlichen traditionellen englischen Weihnachtspuddings – natürlich selbstgemacht. Es kostete ein Vermögen, ihn nach Thailand zu schicken, weil er mit all den guten Zutaten wie Sultaninen, Rosinen, Nüssen und Weinbrand furchtbar schwer war, aber es machte ihr nichts aus. Sie wollte nicht, dass ich leer ausging. Ich teilte den Pudding gerne mit den anderen im Tempel.

Obwohl es manchmal nicht leicht für mich war, dort zu sein, war ich jung und entschlossen und hatte genügend Ermutigung erfahren, um mich dem Buddhismus und dem Leben im Tempel weiter zu widmen. Zum damaligen Zeitpunkt gab es nichts, was ich lieber getan hätte. Ich hatte das Gefühl, am richtigen Ort zu sein.

Die Mahlzeit war oft das aufregendste und interessanteste Ereignis des Tages für mich (und ganz sicher das mit den stärksten Sinnesreizen). Unsere Nahrung bestand aus im Ort angebauten Lebensmitteln und einem Berg wunderbar klebrigem Reis, den wir zu Kugeln in der Größe einer kleinen Grapefruit rollen und mit den Fingern essen konnten. Wir aßen Hühnchen, das auf dem Holzkohlegrill zubereitet wurde; Currygerichte verschiedenster Art; *som tum* (pikanten Papaya-Salat); *dtom yum* (scharfe Suppe); Gemüse wie bitteren Kürbis, Möhren und *pak boong* (ein grünes Blattgemüse, das im Wasser wächst); Obst wie Papayas, Ananas und Zimtäpfel; manchmal verführerische Thai-Süßigkeiten aus Kokosmilch und vielen anderen Köstlichkeiten. Von Anfang an liebte ich die thailändische Küche (abgesehen von den Fröschen und Mistkäfern, die gelegentlich aufgetischt wurden). Wir erhielten alle Nahrung für den Tag aus einer großen Mahlzeit, die aus einer einzigen Schüssel gegessen wurde und bei der ich im Schneidersitz auf dem Boden im hinteren Teil des Schreinraumes saß.

Ich lernte die Menschen aus dem Dorf, die den Tempel unterstützten, sehr zu schätzen. Viele von ihnen waren Reisbauern, und sie schienen die freundlichsten und großzügigsten Menschen zu sein, die mir je begegnet waren, obwohl sie ja sehr arm waren. Die Frauen trugen in der Regel Sarongs, die sie meist selbst auf den Webstühlen im Dorf hergestellt hatten. Die Stoffe waren wunderschön. Einige der Dorfbewohner, sowohl Männer wie auch Frauen, hatten schwarze Zähne und orangefarbene Lippen, was ich zuerst merkwürdig fand, bis ich erfuhr, dass es vom Kauen der Betelnuss kam (der Frucht eines einheimischen Baumes). Betelnuss ist, soweit ich weiß, ein schwaches Aufputschmittel, aber es ist wohl die regionale Entsprechung des Kaugummikauens – wenn auch mit bemerkenswerter Wirkung. Ich brachte nie den Mut auf, es zu versuchen.

Ein Freiwilliger der internationalen Entwicklungshilfe-Organisation VSO, der damals zu Besuch kam, erzählte mir, achtzig Prozent der Kinder in der dortigen Region seien unterernährt. Und trotzdem gäben viele Familien jeden Tag ihre besten Lebensmittel uns, weil sie glaubten, sich dadurch «Verdienste zu erwerben» (gutes Karma) und so im nächsten Leben in einem besseren Status geboren zu werden. Dieser Glaube ist bei den thailändischen Buddhisten sehr ausgeprägt und beeinflusst ihr Verhalten in großem Maße. Der Wunsch, diese Verdienste zu erlangen, ist oft so stark, dass einige von ihnen bereit sind, im jetzigen Leben große Entbehrungen zu ertragen.

Buddha integrierte die Lehre von Karma und Wiedergeburt vom Hinduismus in seine eigene Lehre. («Karma» bedeutet hier bewusstes Handeln, absichtsvoll, entweder gut oder böse.) Er glaubte, dass die Wirkung solchen Handelns sich in einem Leben nach dem Tod zeigte, indem man auf einer der verschiedenen Wesensstufen wiedergeboren wurde. «Gute» Taten führten zu einer höheren Wiedergeburt, während «schlechte» Taten eine niedrigere Wiedergeburt zur Folge hatten. Buddha hatte außerdem seine eigene Definition von dem, was gute und böse Taten waren.

Da Buddha lehrte, dass es keine Seele gab, die von einem Leben (oder einer Reinkarnation) in die andere wanderte, sondern nur das Karma einer früheren Existenz, sprach er nicht von einer «Person», sondern von einem «Wesen», das von einem Leben in das nächste übergeht. Zum Beispiel konnte ein «Wesen» in einem Leben als Mensch geboren werden, im nächsten als hungriger Geist und danach vielleicht als Tier (vielleicht als Bär, Ziege oder Hund), je nachdem, wie es sich im vorigen Leben verhalten hatte. Deshalb werden Hunde in Thailand mit Respekt behandelt, und viele Buddhisten würden nicht einmal einen tollwütigen Hund töten, weil er die «Wiedergeburt» eines Verwandten, vielleicht einer Mutter oder Schwiegermutter sein könnte!

Buddhas spirituelles Ziel war es, kein Karma mehr zu verursachen, so dass alles Werden aufhört.

Dieser Glaube an das Karma, das weiß ich inzwischen, steht in krassem Gegensatz zu dem, was in der Bibel steht, zum Beispiel in Hebräer 9,27: «Jeder Mensch muss einmal sterben und kommt danach vor Gottes Gericht.»

Damals hatte ich kaum über das Leben nach dem Tod nachgedacht, aber ich suchte nach Antworten, und dies schien mir eine vernünftige Theorie zu sein, auch wenn sie mich manchmal etwas bizarr anmutete. Da ich von anderen Aspekten des Buddhismus beeindruckt war, hatte ich nichts dagegen, auch diese Lehre zu übernehmen.

Ich lernte buddhistische Millionäre kennen, die den Mönchen, Nonnen und Tempeln gegenüber sehr großzügig waren, denn sie hatten gelernt, dass gerade dort viele «Verdienste» erworben werden konnten und dass sie viel für ihr nächstes Leben tun konnten, wenn sie etwas für die Ordensleute taten. Sie verhielten sich diesen Glaubensüberzeugungen entsprechend und hofften, auch beim nächsten Mal in Reichtum geboren zu werden.

Oft sind die Tempel in den ärmeren Dörfern Thailands die wohlhabendsten Orte weit und breit und die Mönche am besten genährt. Der Wunsch, dem Tempel etwas zu opfern, wurde von den Lehren der Mönche noch verstärkt, und die Dorfbewohner kamen oft, um ihnen zuzuhören, vor allem am *wan pra* (Tag der Mönche).

Der Schreinraum beherbergte eine große Buddha-Statue, vor der wir uns dreimal bis auf den Boden verneigten, wenn wir den Raum betraten oder ihn verließen. Das dortige Exemplar war in Thailand gefertigt worden, etwas mehr als zwei Meter hoch und von goldbronzener Farbe. Menschen, die in einem buddhistischen Kloster leben, müssen einer Buddha-Figur Achtung erweisen, das gehört zu ihrem Lebensstil. Sie verhalten sich auch den älteren Mönchen und Nonnen gegenüber respektvoll und verbeugen sich als Zeichen ihres Respekts dreimal vor ihnen.

Auf der einen Seite dieses Schreins befand sich ein eingelegtes Baby in einem Glas, und in einer Vitrine daneben lag das Skelett einer Frau aus dem Ort, die sich erschossen hatte. Diese merkwürdigen Gaben hatten die Mönche von den Dorfbewohnern bekommen, damit sie sie als Meditationshilfen benutzten – als Denkanstoß zu Tod und Unbeständigkeit. Die Frauen wurden aufgefordert, in den Meditationszeiten morgens und abends in der Nähe des Skeletts zu sitzen, und ich hatte nichts dagegen, weil es mir damals als geeignetes Meditationsobjekt erschien.

Ich saß oft allein dort und betrachtete diese völlig leblosen menschlichen Überreste. Abends war es manchmal ein wenig unheimlich mit den flackernden Kerzen als einziger Lichtquelle, aber so war das Leben im Tempel nun einmal, und ich stellte es nicht in Frage. Wenn Gefühle der Angst in mir aufstiegen, hatte ich gelernt, zu beobachten, wie sie kamen und gingen, hatte gelernt, sie nicht festzuhalten, wie es auch bei allen anderen Gefühlen sein sollte, und über Buddhas Lehre nachzudenken, dass ohnehin «niemand» diese Gefühle hatte.

Wenn ich jetzt zurückblicke, erfüllt mich dieses Szenario mit tiefer Traurigkeit. Es ist ein Bild von Einsamkeit, Dunkelheit, Tod, Trostlosigkeit und Leere. Heute kommt es mir seltsam vor, aber damals fand ich es ganz normal.

Beerdigungen wurden im Tempel abgehalten. Über den Tod nachzudenken und zu singen, gehört zu einem buddhistischen Klosterleben dazu, und die Mönche und Nonnen spielten eine leitende Rolle bei diesen Zeremonien. Normalerweise wusste ich, wenn bald eine Beerdigung stattfinden würde, nicht weil man es mir erzählt hatte, sondern weil die Dorfbewohner anfingen, Holz für einen Scheiterhaufen zusammenzutragen. Hier gab es kein aufwendiges Krematorium.

Während der Feier wurde der Leichnam in einen einfachen offenen Sarg gelegt, und dann gingen die Mönche und Nonnen die Stufen hinauf, um auf den Sarg hinunterzusehen. Ich weiß noch, dass ich das am Anfang nicht wollte, aber schließlich hatte ich das Gefühl, dass ich mich überwinden und es tun sollte. Also bat ich bei der nächsten Beerdigung eine nicht ordinierte Buddhistin im Tempel, ob ich ihre Hand halten dürfe, um mir Mut zu machen, und ich ging zusammen mit ihr die Stufen zum Scheiterhaufen hinauf und blickte in den Sarg. Zum Glück sah dieser Leichnam friedvoll aus. Ich überlebte es. Dies war der erste von vielen toten Körpern, die ich während meiner Zeit als Buddhistin sehen und zur «Meditation» nutzen sollte.

Nachdem ich einige Wochen im Tempel gewesen war, beschloss ich, mir zum ersten Mal den Schädel kahl zu rasieren. Ein rasierter Schädel ist im Buddhismus ein Zeichen für Entsagung, Einfachheit und den Verzicht auf Eitelkeit. Von einem praktischen Standpunkt aus gesehen ist es jedenfalls in einem heißen Klima deutlich angenehmer. Das Merkwürdige ist jedoch, dass man im Gegensatz zum ursprünglichen Sinn sogar ausgesprochen eitel wegen des geschorenen Kopfes werden kann; Kopfform und Knochenstruktur werden viel intensiver betont, und man sieht unwillkürlich, wer die hervorstechendsten Eigenschaften hat. Offenbar können wir die uns innewohnende Schönheit nicht abschneiden oder wegrasieren.

Ich hatte mir schon vor meiner Ankunft im Tempel die Haare sehr kurz schneiden lassen, und weil ich von Menschen mit rasiertem Schädel umgeben war, fiel es mir nicht schwer, meinen Kopf rasieren zu lassen. Es schien mir sogar normaler, als Haare zu haben!

Buddhistische Mönche und Nonnen rasieren sich wenigstens einmal im Monat den Kopf, kurz vor Vollmond. Ich bat einen der Laienbuddhisten, einen freundlichen Schweizer, der im Tempel wohnte und Erfahrung mit dem Rasieren hatte, auch meine Haare wegzurasieren, und er tat es. Als er anfing, war mir etwas seltsam zumute, weil mir bewusst wurde, dass ich mich noch nie ohne Haare gesehen hatte. Am Ende hatte ich Angst, in den Spiegel zu schauen, also warf ich nur einen schnellen scheuen Blick hinein, so dass ich mich nur halb sehen konnte. Nachdem ich den Eindruck hatte, dass es in Ordnung war, betrachtete ich mich ganz. Was ich sah, gefiel mir. Ein weiterer Schritt war getan.

Am nächsten Morgen fühlte ich mich ganz verändert, als ich zum Schrein ging. In meinem langen Sarong, der einfachen weiten Bluse und dem rasierten Kopf kam ich mir wie eine Nonne vor. Einige Dorfbewohner auf dem Tempelgelände, die mich sahen, begrüßten mich mit einem *wai* (einer thailändischen Begrüßung, bei der die Handflächen aufeinandergepresst werden), als hielten sie mich für eine Nonne, und das gefiel mir.

Ich trennte mich immer mehr von meinem irdischen Besitz, kleidete mich einfach und führte ein Leben, das dem einer Nonne sehr glich. Ich verbrachte den Großteil des Tages allein, abgesehen von den Mahlzeiten, dem Tee am Nachmittag und den Zeiten, in denen wir gemeinsam meditierten. Ich war immer froh, wenn eine andere Frau für eine Weile im Tempel wohnte, weil es bedeutete, dass ich jemanden zum Reden hatte. Es gehörte sich nicht, dass ich viel Zeit mit den Mönchen oder den anderen Männern verbrachte. Gelegentlich sprach der Abt mit mir, um zu hören, wie es mir ging, und diese Zeiten waren mir sehr wichtig.

Eines Abends durfte ich den Bereich der thailändischen Nonnen des nahe gelegenen Tempels besuchen. Am nächsten Tag kam eine amerikanische Missionarin namens Hope Taylor zu diesem Tempel. Sie besuchte die einheimischen Nonnen und die ausländischen Besucherinnen dort regelmäßig, in der Hoffnung, ihnen etwas von Jesus erzählen zu können. Zwei ausländische Nonnen, eine Amerikanerin und eine Deutsche, hatten vor einigen Jahren bei Hopes Besuch Jesus kennengelernt, und noch immer sprach man im Tempel davon!

Hope war eine zierliche Frau, fast wie eine Thailänderin, sehr freundlich und ausgesprochen offen, wenn sie über ihren Glauben an Gott sprach, und sie war erfüllt von dem Wunsch, anderen Menschen diesen Glauben mitzuteilen. Sie betrachtete es als ihre Lebensaufgabe, anderen von Jesus zu erzählen und seine Gute Nachricht überall in Thailand zu verbreiten, ob sie mit dem Bus oder dem Taxi unterwegs war oder auf dem Markt, und einige kamen durch sie zum Glauben.

An jenem Tag kam sie zu meiner Hütte, uneingeladen und unangemeldet, und setzte sich zu mir. (Später erfuhr ich, dass sie mit den Frauen sprach und mit ihnen betete, wie Gott es ihr gerade eingab.) Da war sie also plötzlich und saß neben mir in meiner kleinen Holzhütte. Ich erinnere mich noch an ihre stahlblauen Augen, die ganz konzentriert und offen in meine blickten, während sie ständig wiederholte: «Jesus ist der einzige Weg, allein Jesus ist der Weg.»

Als sie ging, war ich drei Tage lang ganz durcheinander. Ihre Worte hatten mich wirklich zum Nachdenken gebracht. Ich erzählte den Mönchen von ihrem Besuch, aber nach einigen Tagen war wieder alles «normal», und ich machte mit meinem buddhistischen Leben weiter. Damals ahnte ich nicht, dass wir uns viele Jahre später wieder begegnen und dass Hope eine gute Freundin werden würde.

Nachdem ich drei Monate im Tempel gelebt hatte, war das

Ende der Regeneinkehr gekommen, aber ich wollte trotzdem länger bleiben, weil ich mir immer noch nicht sicher war, wie mein nächster Schritt aussehen sollte. Also erbat ich vom Abt die Erlaubnis, meine Zeit dort zu verlängern, und er gewährte mir meine Bitte.

Eines Tages, nachdem ich beinahe sechs Monate im Tempel gelebt hatte, ging ich auf dem Meditationsweg in der Nähe meiner kleinen Hütte auf und ab, als mir der Gedanke kam: «Ja, ich möchte ordiniert werden.» Und das war die Entscheidung. Da wusste ich, dass ich buddhistische Nonne werden musste.

Wir waren Menschen, die «die Welt aufgegeben» hatten und danach strebten, uns von ihr zu lösen. Dies schien mir endlich die Antwort zu sein, nach der ich so lange gesucht hatte. Ich hatte mich von der Genusssucht am einen Ende des Spektrums zur Selbstverleugnung am anderen Ende begeben, und es war ein gutes Gefühl. Die Welt aufzugeben, schien mir ein geringer Preis für die Verheißung spiritueller Befreiung und Wahrheit, die Buddha mir zu bieten schien. Ich vertraute darauf, dass diese Verheißungen echt waren und dass ein solches Leben mich zu der Wahrheit führen würde, nach der ich mich so sehnte. Mit dieser Hoffnung beschloss ich, mich zur Nonne weihen zu lassen.

Ich hatte das Gefühl, dass ich wahrscheinlich nicht lange durchhalten würde, wenn ich mich in Thailand ordinieren ließ. Die Nonnen dort hatten nur wenige Rechte und führten ein schwieriges Leben, weil sie sehr im Schatten der Mönche standen und manchmal wie Bettlerinnen lebten, was mir nicht gefiel. Also schrieb ich von Thailand aus einen Brief an den Abt in England und fragte ihn, ob ich mich ihrer Gemeinschaft anschließen könne. Er hatte viel dafür getan, um den Nonnen mehr Möglichkeiten zu eröffnen, und von Anfang an hatte ich das Gefühl gehabt, wenn ich ordiniert würde, dann wollte ich unter seiner Leitung leben. Ich hatte sofort mein Herz an den Ort gehängt.

Also gab ich mein einsames Leben im Wald auf. Ich hatte sechs Monate dort verbracht. Ich verabschiedete mich von den Mönchen und meinen Freundinnen im Dorf, und einige von ihnen schenkten mir handgewebte Stoffe für meine Mutter. Es war gar nicht so einfach für sie, mir etwas zu schenken, weil ich ja einen Großteil meines Besitzes aufgeben würde.

Ich packte meine wenigen Habseligkeiten und saß kurz darauf im Nachtzug nach Bangkok und dann im Flugzeug zurück nach England. Von der Frage: «Könnte ich jemals so sein wie sie?», war ich zu dem Punkt gekommen, an dem ich versuchte, mich ihnen anzuschließen. Wie würde das wohl sein? Würden sie mich akzeptieren? Ich würde es bald erfahren.

5. «Enge, langweilige Christen»

> «Geht durch das enge Tor! ... Das Tor, das zum
> Leben führt, ist eng, und der Weg dorthin ist
> schmal.»
>
> *Matthäus 7,13–14*

Im Januar 1984 zog ich in das Buddhistenkloster im Süden
Englands und wurde innerhalb von zehn Tagen nach meiner
Ankunft dort zur Novizin geweiht. Der Abt wusste, dass ich eif-
rig und engagiert war, nachdem ich sechs Monate in dem
Waldtempel in Thailand verbracht hatte. Er hatte von dem Abt
dort von mir gehört und veranlasste die Ordination sehr
schnell. Er musste meine Ernsthaftigkeit nicht mehr auf die
Probe stellen.

Es war ein kalter Februarabend, als ich das weiße Gewand
buddhistischer Novizinnen überstreifte und zur Acht-Gelübde-
Nonne «aufstieg». Ich war siebenundzwanzig Jahre alt. Der Abt
führte meine Weihe vor den Mönchen und Nonnen durch, und
ich war die Einzige, die an diesem Abend geweiht wurde. Ich
war überzeugt, den richtigen Schritt zu tun.

Ich sang in Pali und suchte Zuflucht in Buddha, seiner Lehre
und dem Sangha (dem Orden der Mönche und Nonnen, der
«Heiligen»), während ich mich verpflichtete, die acht Gelübde
zu befolgen:

Kein lebendes Wesen absichtlich zu töten;
nicht zu stehlen;

keine sexuellen Beziehungen zu haben;
nicht zu lügen oder unwahr, beleidigend oder bösartig zu
reden;
keine berauschenden Getränke oder Substanzen zu mir zu
nehmen;
nach zwölf Uhr mittags nichts mehr zu essen;
nicht zu tanzen oder zu singen, keinen Schmuck und kein
Parfüm zu tragen und keine Vorführungen zu besuchen;
nicht übermäßig viel zu schlafen.

Der Abt wählte Namen für die Mönche und Nonnen aus, die er
ordinierte, und mir gab er an diesem Abend einen neuen Namen in der Pali-Sprache. Mir gefiel seine Bedeutung – «nobel
und gut» –, und von diesem Zeitpunkt an wurde ich in der Gemeinschaft so genannt (mit dem Zusatz «Schwester» davor). Es
war ein gutes Gefühl, einen neuen, buddhistischen Namen zu
haben. Er war ein Zeichen dafür, dass ich einen weiteren
Schritt getan hatte, um die Vergangenheit hinter mir zu lassen,
mich von der Person, die ich früher war, zu distanzieren und
mich noch mehr mit dem Leben als Nonne zu identifizieren.
(Im Nachhinein möchte ich diesen buddhistischen Namen
nicht aufschreiben oder mich auch nur an ihn erinnern.)

Meine Eltern hassten diesen neuen Namen und weigerten
sich, mich so zu nennen. Was sie betraf, war es unmöglich,
dass mein Name sich änderte. Mein offizieller Name, der in
meinem Pass stand, war immer noch derselbe: Esther Louise
Baker. Sie fingen an, mich regelmäßig zu besuchen, nicht
weil sie gerne kamen, sondern weil sie sich Sorgen um mich
machten.

Die Nonnen lebten in einem kleinen Haus ein paar Meter
vom Tempel entfernt, der in einem renovierten viktorianischen
Gebäude beherbergt war. Wir hatten auch einen Wald, der uns
geschenkt worden war, in der Nähe des Hauses, und dort wa-

ren kleine Hütten und Gartenschuppen gebaut worden, in denen die Mönche und Nonnen manchmal Zeiten der Einkehr verbrachten.

Der Tagesablauf war etwas anders als in Thailand – dort waren wir früher aufgestanden, weil es während des Tages so heiß wurde –, aber im Kern war der Lebensstil gleich. An den meisten Tagen, außer am «Tag der Mönche» einmal die Woche, wurden wir um vier Uhr morgens geweckt. Es folgten Meditation und Singen um fünf, Arbeiten rund ums Haus um halb sieben, Brühe und Tee um Viertel nach sieben. Arbeit um Viertel nach acht, die Mahlzeit um halb zwölf; dann am Nachmittag wieder Arbeit oder das Empfangen von Gästen; Getränke um fünf und abends Singen und Meditieren um halb acht. Da ich nur Novizin war, durfte ich Auto fahren, ein Bankkonto haben und Geld benutzen, was den Mönchen und Nonnen nicht gestattet war.

Bei Vollmond und Neumond hatten wir einen Tag frei und versuchten die ganze Nacht im Sitzen oder Gehen zu meditieren, wobei wir um Mitternacht etwas trinken durften. Alle vierzehn Tage, bei Voll- und bei Neumond, rezitierten die Mönche und Nonnen vor der abendlichen Meditationssitzung alle ihre Regeln in Pali (für die Mönche waren das 277 Regeln!).

Ich war in jungen Jahren, mit siebenundzwanzig, ins Kloster eingetreten, und einige Leute fragten mich: «Wolltest du nie heiraten?»

Seit ich einundzwanzig war, hatte ich mich hauptsächlich auf meine spirituelle Suche konzentriert, die wichtiger war als alles andere, Beziehungen und Beruf eingeschlossen. Außerdem hatte ich, anders als viele andere Mädchen, auch als Kind nie den Wunsch gehabt, zu heiraten und Kinder zu bekommen. Und auch wenn sie sagten, sie seien sehr glücklich, weckte das Eheleben meiner Eltern in mir nicht den Wunsch, eine Familie zu gründen. Allein zu leben war mir lieber.

Das Gewand und der geschorene Kopf buddhistischer Mönche und Nonnen sollten die Unterschiede und die Betonung der Geschlechter verringern. Männliche oder weibliche Attribute zu unterstreichen, wird bei jemandem, der «die Welt aufgegeben» hat, als unnötig angesehen. Für jemanden, der zölibatär lebt, ist es nicht wünschenswert, sexuell anziehend auf andere zu wirken. Manchmal hatten Leute, die uns nicht kannten, sogar Schwierigkeiten zu sagen, wer von uns Mann und wer Frau war!

Mein Glaube an den Buddhismus war stark, und ich war bereit zu tun, was der Abt von uns verlangte, weil ich ihm wirklich vertraute. Ich glaube, ich hätte sogar meinen rechten Arm hergegeben, wenn er es von mir gefordert hätte (was er zum Glück nicht tat).

Die Mönche und die kleine Gruppe Nonnen, mit denen ich zusammenlebte – die meisten von ihnen kamen aus westlichen Ländern und nur wenige aus Asien –, waren sehr ernsthaft. Sie suchten ebenfalls nach der Wahrheit und waren bereit, große persönliche Opfer zu bringen, um sie zu finden.

Ich glaube, dass wir Menschen im Westen uns aus verschiedenen Gründen zum Buddhismus hingezogen fühlen. Eine gebildete, vornehme Philosophie, die ohne Gott auskommt, kann besonders für Intellektuelle attraktiv sein. Obwohl manche meiner Bekannten dem Christentum gegenüber tolerant waren, hatten viele von ihnen aus irgendeinem Grund Probleme mit Gott oder der Kirche – so wie ich auch. Einige hatten Eltern, die ihnen den christlichen Glauben hatten aufzwingen wollen, als sie Kinder oder Jugendliche waren. Andere waren von der Heuchelei in der Kirche abgeschreckt worden. Wieder anderen schien die Vorstellung von einem Gott einfach lächerlich. Ich konnte mich mit den Sichtweisen dieser Menschen gut identifizieren.

Viele der Mönche und Nonnen waren sehr intelligente Menschen, und etliche von ihnen hatten an der Universität studiert.

Einige hatten früher ein wildes Leben geführt – manche mit «Sex, Drugs and Rock'n'Roll». Als sie dann unbefriedigt, verletzt und verwirrt waren, verfielen sie ins andere Extrem, alles aufzugeben und die Antwort in Selbstverleugnung und Abstinenz zu suchen, weil sie einen Ausweg aus dem Leid suchten, den ihr früheres genusssüchtiges Leben verursacht hatte. Einige der älteren Mönche waren amerikanische Vietnamveteranen, die im Buddhismus Zuflucht gefunden hatten. Er ist eine sehr subtile und kultivierte Philosophie für jene, die ein «gutes» Leben führen wollen, aber keine persönliche Erfahrung mit Gott gemacht haben.

Einmal geschah in der Osterzeit etwas aus heiterem Himmel, das mir sehr ungewöhnlich erschien. Ich war noch nicht lange Novizin. Es war Karfreitag, und plötzlich, zum ersten Mal im Leben, wollte ich wirklich wissen, was an diesem Tag mit Jesus geschehen war. Es war keine rationale Sache; ich kann nicht erklären, warum ich es plötzlich wissen wollte. Es hatte mich noch nie vorher interessiert. Ich fragte eine der erfahrenen Nonnen, die mir ganz sachlich erklärte, dass es sich um den Tag handelte, an dem Jesus gekreuzigt worden war. Am Karsamstag fragte ich wieder und noch einmal am Ostersonntag, und man sagte mir, an diesem Tag sei Jesus von den Toten auferstanden. Ich verstand immer noch nicht, was diese Dinge bedeuteten, aber ich war neugierig geworden.

Während derselben Osterzeit saß ich allein in meinem Zimmer im Haus der Nonnen vor einem kleinen Tisch, auf dem ich einen Schrein mit dem Bild Buddhas aufgebaut hatte. Ich betrachtete den Schrein, und dann drehte ich mich in dem stillen Raum um: Hinter mir an der weißen Wand sah ich den Schatten eines Kreuzes. Die Sonne schien so durchs Fenster, dass sie ein vollkommenes Kreuz auf die Wand projizierte. Eine Weile starrte ich es wie gebannt an. Ich dachte an nichts Besonderes, sondern nahm nur das Kreuz und sein Geheimnis in mich auf.

Nachdem Ostern vorbei war, kehrten mein normales Desinteresse und meine Abneigung gegenüber dem Christentum zurück. Im Rückblick erkenne ich allerdings, dass dieser merkwürdige Vorfall etwas war, das mich auf zukünftige Ereignisse vorbereiten sollte. Gott hatte begonnen, zu mir durchzudringen.

Als Novizin war es meine wichtigste Funktion, der Gemeinschaft der Mönche und Nonnen zu dienen, für sie einzukaufen und zu kochen, für sie zu sorgen und sie, wenn es nötig war, zu fahren – wie eine Art Angestellte der Gemeinschaft. Ich fand meine eigene Nische, indem ich mich zusätzlich um das Grundstück kümmerte, Bäume pflanzte und in den verschiedenen Tempeln Gartenarbeiten verrichtete. So kam mein Gartenbaustudium wenigstens teilweise zum Einsatz. Zwei der Tempel hatten ein großes Grundstück, so dass ich viele Möglichkeiten hatte, und die älteren Mönche und Nonnen waren froh über meine Hilfe.

Das buddhistische Klosterleben ist sehr hierarchisch – je länger man ordiniert ist, desto «höher» ist der Rang in der Gemeinschaft. So wird zum Beispiel bei förmlicheren Anlässen, wie etwa bei Mahlzeiten, einer «dienstälteren» Person zuerst etwas angeboten, oder sie sitzt bei der Meditation weiter vorne. Das Noviziat ist also vor allem eine Probezeit, in der die Hingabe an die Lehre Buddhas und die Gemeinschaft auf die Probe gestellt wird.

Gelegentlich führten die Mönche und Nonnen auch Beerdigungen durch oder nahmen daran teil, und manchmal kamen todkranke Menschen in den Tempel, um ihre letzten Tage bei uns zu verbringen. Wenn sie starben, bahrten wir für gewöhnlich ihren Leichnam im Schreinraum auf und meditierten bis zur Beisetzung darüber. Manchmal lebten ältere Nonnen bei uns. Ich fand es oft tröstlich, mit ihnen zusammen zu sein, und half gerne dabei, sie zu versorgen.

Zweieinhalb Jahre lang war ich Novizin, und im Laufe dieser Zeit wuchs ein unwiderstehlicher Wunsch in mir, die Ordination zur vollwertigen Zehn-Gelübde-Nonne zu vollziehen. Ich genoss den Unterricht unseres Abtes. Manchmal war mir, als wüchse ich körperlich, wenn ich ihm zuhörte. Seine Lehre war wie geistlicher Nektar für mich.

Nach einer Wartezeit, die mir sehr lang vorkam, wurde ich im Sommer 1986 endlich zusammen mit zwei weiteren Novizinnen geweiht. Wir wurden dem Alter nach ordiniert, und ich war die mittlere. Eine der beiden, deren Kopf ich rasiert hatte, als sie sich unserem Tempel angeschlossen hatte, sollte eine enge Freundin innerhalb der Gemeinschaft werden. Eine ganze Reihe Leute kamen, um der Zeremonie beizuwohnen, darunter auch mein Bruder Derek und zwei meiner besten Freunde. Meine Eltern konnten den Gedanken nicht ertragen und kamen nicht.

Ich legte ein persönliches Gelöbnis ab, wenigstens fünf Jahre lang als Zehn-Gelübde-Nonne zu leben. Das war für mich einfach, weil ich mir nicht vorstellen konnte, jemals etwas anderes zu machen. Manche Ordensleute legen ein lebenslanges Gelübde ab, aber dazu fühlte ich mich noch nicht bereit, so dass ich der Meinung war, es sei besser, mit etwas weniger Ehrgeizigem anzufangen. Es war ein gutes Gefühl, endlich eine richtige Nonne zu sein, und ich freute mich darüber, dass ich so weit gekommen war.

Jetzt trug ich ein dunkelbraunes Gewand, rasierte mir den Kopf und die Augenbrauen mindestens einmal monatlich und hatte eine richtige Tonschale für die Almosen, keine metallene wie als Novizin. Diese kleinen Details waren in unserem Leben von viel größerer Bedeutung, weil wir so wenige Dinge besaßen und von der Welt außerhalb des Klosters nur so wenig mitbekamen.

Ich konnte jetzt wie die Mönche morgens die Almosenrunde

antreten. Ich war eine offizielle Vertreterin des Bettelordens geworden, eine professionelle Bettlerin. Mein Essen wurde jeden Tag in meine Schüssel getan, und so würde ich leben, in Abhängigkeit von anderen. Ab jetzt durfte ich nicht mehr direkt um Nahrung bitten, sondern Menschen konnten mir etwas anbieten und in meine Schüssel legen, solange es vor dem Mittag war. Manche Buddhisten – Engländer und Asiaten – zogen in die Nähe der verschiedenen Tempel, so dass wir sie auf unseren Almosenrunden manchmal besuchten, wenn sie uns einluden.

Während wir unserer täglichen Routine nachgingen und mit anderen Menschen in Berührung kamen, durften wir nicht ohne Einladung offen über unseren buddhistischen Glauben reden – aber wir konnten durch unsere Erscheinung Interesse wecken. Mit unseren geschorenen Köpfen und den langen, weiten Gewändern müssen wir sehr merkwürdig ausgesehen haben, wenn wir eine englische Einkaufsstraße hinuntergingen! Wenn jemand mehr über uns wissen wollte, konnten wir dieser Person vom Buddhismus erzählen.

Manchmal hatten wir interreligiöse Begegnungen im buddhistischen Tempel, zu denen der Abt christliche Ordensleute und Vertreter anderer Religionen einlud. Wir diskutierten und tauschten uns aus. Meine Abneigung und meinen Mangel an Achtung vor den Christen hatte ich mit ins Kloster genommen, und ich hatte immer noch das Gefühl, dass sie engstirnig und langweilig waren. Die Behauptung, Jesus sei der einzige Weg zum Vater, schien mir viel zu exklusiv und beschränkt. Ich konnte das überhaupt nicht nachvollziehen.

Manchmal versuchte ich, einige der Christen, die zu Besuch kamen, davon zu überzeugen, dass Gott und Nirwana (das buddhistische Ziel der Leere) dasselbe seien. Der engagierte Austausch mit einer Gruppe griechisch-orthodoxer Nonnen, die uns einmal besuchten, machte mir richtig Spaß. Sie schienen besonders fromm und Jesus ergeben, und ich versuchte alles, um sie zu überzeugen. Sie saßen etwas schüchtern und ängstlich da, beinahe als hielten sie die Luft an und warteten darauf, dass ich aufhörte zu reden. Sie schienen erleichtert, als ich es tat, und waren froh, als sie gehen konnten!

In den Augen mancher Christen konnte ich Zweifel erkennen, wenn ich so sprach: «Sind Nirwana und Gott identisch?» Ich merkte, dass sie sich ihres Glaubens nicht sicher waren. Andere Christen dagegen hatten eine Gewissheit in ihrem Blick, etwas, das nicht zu erschüttern oder zu beeinflussen war. Ich wusste nicht, was das war. Das kannte ich nicht. Ich wusste, dass es keinen Sinn hatte, mit diesen Leuten weiterzudiskutieren, und ließ sie in Ruhe.

In meinen Augen war ich einen Rang aufgestiegen. Die Lage hatte sich verbessert: Ich war eine junge Nonne und keine Novizin mehr, die ständig versuchte, ihr weißes Gewand sauber zu halten. Die Praxis der Meditation und Achtsamkeit war unsere wichtigste Arbeit, und ich war überzeugter denn je, dass ich so leben wollte.

Als Ordensleute dienten wir auch der größeren buddhistischen Gemeinschaft. Wir bekamen Lebensmittel und andere Geschenke; wir sangen bei Hochzeitsfeiern oder Beerdigungen; bewirteten Gäste; lehrten und berieten andere; und wir versuchten, all diese Aspekte in die Praxis der Meditation einfließen zu lassen. Die höhere Weihe bedeutete, dass ich mehr Regeln befolgen und bewusster meinen Alltag gestalten und mich achtsamer verhalten musste. Sie bedeutete eine größere Verbindlichkeit in Bezug auf Buddhas Lehre und Ordenskodex – und gegebenenfalls demütigende Strafen, zum Beispiel beim Essen als Letzte etwas zu bekommen, wenn man einen Fehler machte und gegen die Regeln verstieß.

Von jetzt an konnte ich nicht mehr mit einem Mann allein sein, und selbst Nonnen oder andere Frauen sollten wir, wenn

möglich, nicht umarmen oder ihnen gegenüber zu viele Gefühle ausdrücken, und so gewöhnten wir uns an den weit-
gehenden Verzicht auf Körperkontakt mit anderen Menschen.
Buddha lehrte, dass Gefühle zu Bindungen führten, die er als
Ursache für Leid und Gefangenheit in der Welt betrachtete.
Stattdessen sollten wir beobachten, wie Gefühle kamen und
gingen, und uns nicht mit ihnen identifizieren. Mein Mensch-
sein zu verleugnen und so zu leben, ergab für mich einen Sinn,
und ich war bereit dazu. Als Siddharthas Sohn geboren wurde,
nannte er das Kind «eine Fessel», um zu zeigen, wie zentral der
Gedanke der Loslösung vom Familienleben für seine Lehre
war.

All dies wussten meine Eltern nicht, die mich weiterhin treu
und regelmäßig besuchten. Seit meiner Ordination zur vollwertigen Nonne sorgten sie sich noch mehr um mich und
fürchteten, dass ich hilfloser, schwächer und zielloser geworden war.

Kurz nach meinem Noviziat zogen einige von uns in ein neu
gegründetes Kloster, eine alte Schule oben auf einem windigen
Hügel in der Nähe einer großen Stadt nördlich von London.
Wie im vorigen Kloster gab es dort eine gemischte Gemeinschaft aus Mönchen und Nonnen. Wir wohnten getrennt, aber
bestimmte Dinge taten wir gemeinsam, zum Beispiel essen,
singen und meditieren. Es gab einen strengen Verhaltenskodex
zwischen Mönchen und Nonnen, obwohl manchmal eine na-
türliche Anziehungskraft da war. Einmal führte das dazu, dass
ein älterer Mönch und eine Nonne austraten, um zu heiraten.

Nach der Ordination fing ich irgendwann an, Buddhismus
und Meditation zu unterrichten, und durfte einige der Menschen, die mit Fragen oder Problemen zum Tempel kamen, be-
raten. Ich konnte auch Frauen, die die Ordination anstrebten,
ermutigen. Besondere Höhepunkte waren damals, in der
Buddhistischen Gesellschaft in London zu unterrichten und

die buddhistische Beerdigung eines Mannes zu leiten, den ich gekannt hatte. Endlich hatte ich das Gefühl, etwas zu erreichen!

Christen, die zu Besuch kamen, sprachen manchmal über ihre Ansichten und versuchten, mir etwas von Jesus zu erzählen, aber ihre Worte perlten wirkungslos an mir ab. Sie fanden einfach keinen Halt in meinem Verstand oder meinen Gedanken. Sie ärgerten mich.

«Gott, Gott – wo ist dieser Gott, von dem sie sprechen? Wo ist er? Warum sind sie so verbissen und bestehen immer darauf, dass Jesus der einzige Weg ist? Was sehen sie bloß, was ich nicht sehe?»

Ich wollte sie davon überzeugen, dass das, was wir glaubten, dasselbe war, damit sie mich dann vielleicht in Ruhe ließen. Meist war ich froh, wenn sie wieder gingen.

Diese feindselige Einstellung wurde durch manche der Vorträge, die wir in der Klostergemeinschaft hörten, noch verstärkt. Besonders ein dienstälterer Mönch sagte oft abwertende Dinge über das Christentum. Er sprach davon, wie blutrünstig und gewalttätig das Symbol des Kreuzes sei, mit einem blutenden, sterbenden Jesus, und verglich das mit dem Frieden eines buddhistischen Bildes.

Wie gut konnte ich doch die Worte dieses Mönchs damals nachempfinden, und wie sehr genoss ich seine Überlegungen! Wie erbärmlich und unbedeutend dieser Jesus mir schien. «Also gut», dachte ich, «im besten Fall war Jesus vielleicht ein guter und weiser Mensch. Aber was die Behauptung betrifft, er sei Gott, das ist doch lächerlich.»

Ich konnte damals nicht ahnen, dass dieser «erbärmliche», blutende Jesus schon bald auf dramatische, radikale Weise in mein Leben eintreten sollte. Er würde meinen stabilen und langjährigen buddhistischen Glauben völlig entleeren: wie das Blut eines Kalbes ausläuft, wenn es geschlachtet wird, würde die Gewissheit meiner buddhistischen Überzeugungen versickern, Tropfen für Tropfen, bis kein Leben mehr darin war. Sie sollten ausgeleert werden, um Platz für etwas viel Größeres zu machen. Das Unvorstellbare, Undenkbare würde in meinem Leben geschehen.

6. Der Kummer der Eltern

«Die Mutter des Kindes hält das scharfe Ende
des Messers.»

Südafrikanisches Sprichwort

Während der Buddhismus mich faszinierte, war meine Ordination für meine Eltern, vor allem für meine Mutter, nur sehr schwer zu akzeptieren. Sie konnten den Buddhismus einfach nicht verstehen und waren dieser Philosophie gegenüber von Anfang an misstrauisch. Sie war ihnen viel zu fremd. Meine Mutter, mein Vater und mein Bruder hatten mich am Flughafen abgeholt, als ich aus Thailand zurückkam, kurz bevor ich Novizin wurde. Ich trug einen langen schwarzen Rock und hatte einen geschorenen Kopf. Aus irgendeinem Grund hatte ich sie nicht gewarnt, dass ich anders aussehen würde.

Als ich auf sie zuging, musste meine Mutter meinen Bruder fragen, ob ich das sei, weil sie mich nicht erkannte. Sie erkannte ihre eigene Tochter nicht wieder, so fremd war ich. Sie wandte sich entsetzt und ungläubig ab und schluchzte, als ihr diese Tatsache bewusst wurde. Was war nur mit mir geschehen?

Ich blieb das Wochenende bei der Familie, aber mein Bruder war es, der mich zum Kloster fuhr, zu dem ich so bald wie möglich wollte. Meine Eltern konnten es nicht tun. Als meine Ordination bevorstand, war meine Mutter am Boden zerstört, weil ich buddhistische Nonne werden wollte. Sie fürchtete, man hätte mich einer Gehirnwäsche unterzogen. Aber obwohl sie es furchtbar fanden, besuchten meine Eltern mich regelmäßig, normalerweise einmal im Monat, einfach weil sie sich Sorgen um mich machten. Vor allem meine Mutter wollte mir Sachen bringen, von denen sie meinte, dass ich sie brauchte: Der Gedanke, ich könnte hungern oder frieren, war für sie unerträglich, als ihr klar wurde, was für ein «entbehrungsreiches» Leben ich führte.

Als meine Mutter das erste Mal sah, wie jemand mir Almosen in meine Schüssel gab, war das furchtbar für sie. Sie konnte mich einfach nicht ansehen und weinte, so sehr brach es ihr das Herz. All unser Essen, egal, was es war, ob Curry, Fleisch, Kartoffeln oder Nachtisch, wurde einfach in dieselbe Schüssel geklatscht, als Ausdruck dafür, dass wir uns weltliche Vergnügen versagten.

Mutter war entsetzt. Was tat ich da? Was hatte mich dazu getrieben? Meine Mutter kochte sehr gerne und richtete das Essen immer sehr schön an, aber jetzt hatte sie eine Tochter, die wie eine Bettlerin lebte und schweigend auf dem Boden kauerte und mit einem kleinen Löffel und den Fingern aß!

Der Tempel war mehr als hundert Kilometer von ihrem Haus entfernt, und wenn sie zu Besuch kamen, verbrachte meine Mutter den Nachmittag vorher damit, jede Menge Kuchen zu backen. Oft gab ich ihren Kuchen der ganzen Gemeinschaft, da es unsere Gewohnheit war, Sachen, die uns geschenkt wurden, zu teilen. Aber ein paar «erlaubte» Dinge sollte ich für mich behalten, darauf bestand sie.

Meine Mutter konnte wirklich nichts Positives am Buddhismus finden. Warum sollte ich jede Woche eine Nacht lang auf Schlaf verzichten? Warum musste ich Brühe aus einem Becher trinken, mich bei den Mahlzeiten anstellen und auf dem Boden schlafen? Sie fand es furchtbar ungerecht, dass wir ohne Abendessen oder richtiges Frühstück so viel arbeiten sollten. Einmal, als sie mich besuchte, sprach sie mit dem Abt darüber, in der Hoffnung, dass er etwas ändern würde – oder uns wenigstens ein Abendessen zugestand. Aber das tat er natürlich nicht. Sie fühlte sich zunehmend hilflos. Sie konnte mir nicht klarmachen, was ihr selbst so klar war. Ich war viel zu sehr von meinem Leben bestimmt.

Irgendwann hatte ich das Gefühl, als würden meine Eltern endlich anfangen, meinen Lebensstil zu akzeptieren und zu verstehen. Sie waren im Urlaub gewesen und hatten mir auf einem Markt eine kleine chinesische Buddha-Figur gekauft. (Da ich praktisch nichts besaß, war es für sie nicht einfach, ein Geschenk für mich zu finden.) Sie wussten, dass es mir viel bedeuten würde, und ich war hoch erfreut und gerührt, weil sie sich so viele Gedanken gemacht hatten.

Einmal war ich mit meiner Mutter in einem Supermarkt, nachdem ich mir den Kopf gerade frisch rasiert hatte. Damals war das alles andere als modisch, und die junge Frau an der Kasse starrte mich an. Sie sagte ironisch: «Also, so einen Haarschnitt hätte ich auch gerne!»

Meiner Mutter war das so peinlich, dass sie am liebsten im Erdboden versunken wäre. Was mich betraf, so benutzte ich solche Reaktionen einfach als Material für meine Meditation. Ob die Leute das, was sie sahen, schön oder abstoßend fanden, war mir ziemlich gleichgültig.

Danach bat meine Mutter mich, nicht mehr mit ihr in der Öffentlichkeit zu erscheinen. Das muss sehr schwer für sie gewesen sein. Sie erklärte mir, der Grund sei nicht, dass sie mich nicht liebe, aber sie wisse einfach nicht, was sie sagen solle, wenn jemand sie fragte, warum ich all das tat oder warum ich so seltsam aussah. All das war zu fremd und schmerzlich für sie. Sie ist eine Frau, die sich gerne schick kleidet, die stolz auf ihr Aussehen ist, und sie schämte sich, weil ich ein solches Gewand trug.

Ich entsprach dem Wunsch meiner Mutter, weil ich wusste,

dass es für sie wichtig war, aber es tat weh, dass wir in unserem Verständnis Welten voneinander entfernt waren. Ich hatte keine Ahnung, wie viel Kummer ihr all das wirklich bereitete.

Einmal froren wir schrecklich, nachdem wir in einen neuen Tempel gezogen waren und nicht genug Geld zum Heizen hatten. Man sagte uns, wir sollten die Kälte als eine Übung in Entsagung betrachten, und wir ertrugen zwei recht harte Winter lang den unangenehmen Zustand, kaum Wärme zu haben. Dies hatte langfristige Folgen für meine Gesundheit, und noch lange danach war ich sehr empfindlich gegenüber Kälte.

Meine Mutter sagte immer, wie krank und dünn viele der Ordensleute aussahen – und wozu sollten all das Leiden und die Selbstverleugnung überhaupt gut sein? Ich verstand nicht, was sie meinte. In meinen Augen sahen wir alle in Ordnung aus.

Im Laufe der Jahre sorgten meine Eltern sich immer mehr um meine körperliche und geistige Gesundheit. Es war ein hartes Leben. Es war mir nicht bewusst, aber allmählich, über einen Zeitraum von mehreren Jahren, fingen diese Lebensgewohnheiten – wenig essen, wenig schlafen, intensive Meditation und Mangel an Sinnesreizen – an, ihren Tribut zu fordern.

Einmal, nachdem ich schon viele Jahre im Tempel gelebt hatte, erhaschte meine Mutter zufällig einen Blick auf mich, als ich unter der Dusche stand. Sie erschrak darüber, wie dünn ich war. Sie sagte, ich erinnere sie an jemanden aus einem Konzentrationslager. Acht Jahre lang nur eine Mahlzeit am Tag zu mir zu nehmen, war mir nicht gut bekommen. Für meinen Stoffwechsel ist es besser, öfter kleinere Portionen zu essen. Ich verstehe jetzt, warum meine Mutter sich Sorgen machte, dass sie mich verlieren könnte, wenn ich nicht bald das Kloster verließ. Wahrscheinlich hatte sie recht.

Damals war ich blind für ihre Sorgen. Ich konnte nicht sehen, welche Auswirkungen mein Lebensstil auf mich hatte.

Aber es stimmte: Ich war sehr dünn und müde und hatte immer öfter mit kleineren Gesundheitsproblemen zu kämpfen. Ich war der Meinung, dass die Beschwernisse ein kleiner Preis für die «letztgültige Wahrheit» waren. Insgeheim lehnte ich meine Eltern ab, weil sie mich nicht verstanden.

«Solltest du das Kloster jemals verlassen, musst du bestimmt erst mal einen Kurs machen, wie man normal lebt», sagte mein Vater einmal zu mir. Manchmal fiel es ihm schwer, auch nur ein einfaches Gespräch mit mir zu führen, weil ich der Welt so entrückt war. Er war entsetzt, weil ich nicht wusste, wann die Fußballsaison anfing, obwohl unser Haus in der Nähe des Stadions war. Inzwischen hatte ich viele Jahre damit verbracht, die weltlichen Dinge «loszulassen», und in diesem Fall hatte es funktioniert.

Ich erinnere mich daran, dass wir manchmal, wenn wir eine Zeitung sahen, sie – auch wenn sie alt war – mit Vergnügen lasen. Tief in unserem Innern war ein Verlangen, zu wissen, was um uns herum geschah. Unsere Herzen waren hungrig, auch wenn unsere Köpfe sagten, dass diese Dinge keine Bedeutung hatten.

Meine Mutter hat mir erzählt, dass sie auf der Rückfahrt vom Kloster immer sehr schweigsam waren und nicht reden konnten. Sie fühlten sich völlig hilflos und traurig. Was konnten sie tun? Sie hatten keine Antworten, sie wussten nicht, was sie machen sollten. Also fuhren sie fort mit dem, was sie taten. Meine Mutter fing wieder an, die Geschenke zu sammeln, von denen sie glaubte, sie wären beim nächsten Mal hilfreich für mich, und bereitete sich so auf den nächsten schmerzlichen Besuch vor.

Wenn ich heute zurückblicke, erkenne ich in ihrer Großzügigkeit und ihrer Entschlossenheit, mich zu besuchen – und selbst in ihrer Hilflosigkeit –, die Liebe, die meine Eltern für mich empfanden. All das half mir sehr in meiner Zeit dort. Das sehe ich jetzt. Ich war so in den Bann gezogen und entschlossen, meinen Weg weiter zu gehen, dass meine Eltern sich nie hätten träumen lassen, ich könnte einmal aufgeben. Niemand sah die radikale Veränderung voraus. Aber der Kummer meiner Mutter diesbezüglich würde bald vorbei sein.

7. Zweifel am Buddhismus

«Was für eine wunderbare und geheimnisvolle Macht die Wahrheit ist! Wie sie über den eigensinnigsten Köpfen sitzt und in die dunkelsten Herzen vorstößt. Diese Köpfe und Herzen wollen vielleicht nicht dieser Wahrheit folgen oder sie anerkennen. Es kann sogar sein, dass die jeweilige Person sie heftig unterdrückt, aber wenn die Wahrheit erst einmal ausgesprochen ist, gibt es einen Ort im Herzen des Menschen, der weiß, dass er die Wahrheit gehört hat, und von da an kämpft das Herz mit dieser Wahrheit. Es ist die Wahrheit in dem wahren Gott, die Menschen, Strukturen und Völker verändert.»[3]

Leanne Payne

Ich hatte niemals wirklich am Buddhismus gezweifelt und hatte auch kein Verständnis dafür, wenn andere Nonnen zweifelten oder andere Formen des Buddhismus mit «unserem» Thai-Theravada-Buddhismus vermischen wollten.

«Warum sucht ihr etwas anderes?», fragte ich ungeduldig, «wenn wir doch in dieser Lehre schon alles haben, was wir brauchen?»

Dann nahmen mehrere der buddhistischen Mönche und Nonnen aus dem Kloster an einer interreligiösen Tagung in der Kathedrale von Canterbury teil. Dies war ein Ereignis, das mich stark beeinflusste. Ich weiß noch, wie ich zusammen mit den anderen Mönchen und Nonnen fröhlich von unserer Unterkunft zur Kathedrale ging. Ich freute mich auf die Veranstaltung.

Ich hatte nicht erwartet, dass Christen mit Bannern vor der Kirche stehen und laut rufen und protestieren würden, weil wir die Kathedrale betreten wollten. Es waren viele, und sie schwenkten ihre Fahnen und gaben uns damit zu verstehen, dass wir kein Recht hätten, das Haus Gottes zu betreten. Sie waren nicht gemein oder aggressiv, aber sie schienen in ihrer Überzeugung und ihrem Widerstand gegen uns sehr entschlossen zu sein.

Ich verstand nicht, warum sie sich so aufregten, und es machte mich sehr nachdenklich. Es war ein entscheidender Augenblick in meiner kritischen Auseinandersetzung mit dem Buddhismus. Ich erinnere mich daran, dass ich deswegen das ganze Wochenende über ziemlich niedergeschlagen und deprimiert war. Ich war sehr still und in gedrückter Stimmung und verbrachte so viel Zeit wie möglich allein in meinem Zimmer.

Ich hatte mich auf die Begegnung gefreut, und jetzt konnte ich mich überhaupt nicht darauf einlassen. Ich war nicht wütend oder aufgebracht, weil die Christen uns nicht in der Kathedrale sehen wollten – aber ich war verwirrt. Was war der Grund für ihre Ablehnung? Was wussten sie, das ich nicht wusste?

Ich verstand es wirklich nicht. Ich dachte, ich hätte die Wahrheit gefunden und Gott verstanden, aber als ich ihnen in die Augen blickte, sah ich Feindseligkeit, und das machte mich nachdenklich. Und ich hatte gedacht, ich hätte endlich den Durchblick! Ich war zu dem Schluss gekommen, dass Gott und Nirwana dasselbe waren, aber vielleicht kannte ich ihn ja doch nicht richtig; vielleicht waren die beiden doch nicht identisch.

Einige Jahre später war ich diesen Demonstranten sehr

dankbar, weil sie mich dazu gebracht hatten, Fragen zu stellen, und weil sie die Saat des Zweifels in mir gesät hatten.

Kurz nach der Tagung begannen in meinem Leben merkwürdige Dinge zu passieren. Ich wollte in Kirchen gehen und mit Christen reden. Wenn christliche Mönche oder Nonnen zum Tempel kamen, suchte ich ihre Nähe. Ich wollte sie nicht mehr bekämpfen, sondern einfach mit ihnen zusammen sein: Ihre Anwesenheit hatte irgendetwas Tröstliches und Anziehendes für mich. Mein Kopf verleugnete Gott, aber mein Herz fing an, sich für sein Volk zu erwärmen.

Ich hatte auch eine neue Freundin im Dorf gefunden, seit wir in den Tempel nördlich von London gezogen waren. Sie war eine anglikanische Nonne namens Schwester Elisabeth, die manchmal kam und uns besuchte. Sie war schon recht alt und brauchte ab und zu Hilfe. Von Zeit zu Zeit erledigte ich in ihrem kleinen Haus ein paar Tätigkeiten für sie. Ich weiß noch, dass sie gelegentlich kam und mich bat, ihr die Haare zu schneiden, und ich empfand es immer als großes Privileg, wenn sie ihren Schleier abnahm, damit ich ihre Haare schneiden konnte. Ich war gerne mit ihr zusammen und freute mich, wenn sie zum Tempel kam. Hin und wieder besuchte ich sie in ihrem Haus, und dann tranken wir Tee, aßen Kekse und unterhielten uns. Damals wusste ich nicht, dass sie angefangen hatte, für mich zu beten.

Ich war inzwischen seit sechseinhalb Jahren ordiniert, und seit einiger Zeit wohnte ich wieder in unserem ursprünglichen Kloster im Süden von England. Es war nicht ungewöhnlich, dass wir Besucher hatten, Männer und Frauen, die in den verschiedenen Klöstern bei uns wohnten. Damals hatten wir eine Frau bei uns, die drogenabhängig war, und ich hätte ihr so gerne geholfen. (Irgendwie kümmerte ich mich oft um diejenigen Gäste, die eher am Rande der Gesellschaft lebten und bei uns Antworten suchten.) Aber ich sah, dass es im Buddhismus nichts gab, was diese Frau wirklich frei machen konnte. Wir hatten hohe Ideale, aber das reichte nicht. Zu oft hatte ich inzwischen festgestellt, dass wir solchen bedürftigen Menschen eigentlich nicht helfen konnten. Und mir wurde klar, dass auch ich selbst tief in meinem Innern nicht wirklich frei und geheilt war.

Diese Frau sprach mit großer Begeisterung von dem Video einer englischen Christin namens Jackie Pullinger, einer Frau, die mit Drogenabhängigen und Armen in Hongkong arbeitete. Sie sagte, diese Drogenabhängigen seien durch die Kraft des Gebetes wie durch ein Wunder von ihrer Sucht geheilt worden. Und sie erzählte mir, wie sehr sie sich auch so eine Heilung wünschte.

Ich fing an, den Buddhismus ernsthaft zu hinterfragen. Manchmal betrachtete ich die dienstälteren Mönche und Nonnen und dachte insgeheim, dass sie doch nicht so weise und befreit waren, trotz jahrelanger Meditation und «Loslösung» von der Welt.

In dieser Zeit hatten wir einmal eine unserer Meditationen zum Vollmond, die die ganze Nacht andauerten. Normalerweise fingen wir um halb acht Uhr abends mit Singen und dem Vortrag eines Mönchs oder einer erfahrenen Nonne an, dann meditierten wir im Gehen oder Sitzen die ganze Nacht lang bis vier oder fünf Uhr morgens. Es gab nur eine kurze Pause um Mitternacht, in der wir etwas trinken und Medikamente zu uns nehmen konnten.

Wir hatten einen jüngeren amerikanischen Abt, der uns gelegentlich erlaubte, «angemessene» Videos anzuschauen, um wach zu bleiben. Manchmal hörten wir mitten in der Meditation ein lautes Rumpeln: Selbst dienstältere Mönche schliefen hin und wieder ein und fielen vornüber, was uns andere natürlich erheiterte. Ein Video konnte also helfen, uns solche Peinlichkeiten zu ersparen und alle wach zu halten, zumindest eine Zeitlang.

Nun sollten wir in dieser Nacht ausgerechnet das Video ansehen, von dem die Drogenabhängige mir erzählt hatte. Es trug den Titel «Das Gesetz der Liebe»[4]. Der junge amerikanische Abt war anderen Religionen gegenüber offen – manche buddhistischen Mönche sind so. (Heute frage ich mich, ob solche Menschen deshalb für andere Glaubensrichtungen offen sind, weil sie noch immer auf der Suche nach der Wahrheit sind.)

Wir sahen uns das Video um Mitternacht an, und es hatte eine unglaubliche Wirkung auf mich. Jackie Pullinger und ihre Helfer beteten im Namen Jesu und durch die Kraft des Heiligen Geistes, und Drogenabhängige wurden von ihrer Sucht befreit, oft ganz ohne Schmerzen. Zum ersten Mal im Leben konnte ich sehen, dass es einen lebendigen Gott gab – nicht eine leblose Philosophie, sondern ein lebendes Wesen, echt, mächtig, wahrhaftig und persönlich. Ich wusste jetzt, dass er unser Vater und Schöpfer ist, und ich wusste, dass ich seine Existenz nicht länger leugnen konnte. Ich sah Wunder, bei denen verzweifelte Menschen geheilt wurden, nicht nur körperlich, sondern auch geistlich. Ich sah es mit meinen eigenen Augen, und von diesem Moment an veränderte sich etwas in mir. Ich konnte es nicht abstreiten.

Die Menschen in dem Film hatten eine Gewissheit in Bezug auf das geistliche Leben, die ich mir auch wünschte; eine Erfüllung und Bedeutung, die ich nicht erlebte, das wusste ich. Ich hatte alles dafür aufgegeben, aber ich hatte es noch nicht gefunden. Sie waren voller Freiheit und Leben. Im Vergleich zu diesen Leuten fühlte ich mich geistlich völlig verzweifelt. Ich konnte nicht erklären, was sie hatten, aber ich wusste, dass ich es auch haben wollte. Es war ein einfacher, kindlicher Wunsch, der in mir aufstieg. Und ich staunte, dass in einem Raum mit dreißig Personen – Mönche, Nonnen und Gäste – nur ich auf diese Weise berührt worden war.

Am folgenden Morgen war ich am Boden zerstört. Ich fühlte mich krank, regelrecht körperlich schwach und verwirrt. Ich ging vom Nonnenhaus zum Tempel hinauf, um meine Brühe zu trinken, aber ich war wie zerschlagen und kam spät.

Ich hörte gerade noch, wie der Abt sagte: «Also, das Video gestern Abend war wirklich reine Zeitverschwendung.»

Ich war innerlich zerbrochen, aber ich schwieg. Einer Nonne vertraute ich mich in meinem geschwächten Zustand an und erzählte ihr, dass ich mich spirituell ganz arm fühlte, nachdem ich das Video gesehen hatte. Sie stimmte mir zu, aber es hatte keine tiefere Wirkung auf ihr Leben gehabt. Ich hatte das Gefühl, innerlich «aus den Fugen geraten» zu sein. Etwas Tiefes und Grundlegendes in mir war aufgeschreckt, berührt, geweckt worden. Ich hatte keine Kontrolle darüber und verstand es nicht. Ich war völlig durcheinander und wie gelähmt.

Kurz darauf bat ich meine Mutter heimlich, mir Exemplare von Jackie Pullingers Büchern, *Ein Riss in der Mauer* und *Licht im Vorhof der Hölle*, zu besorgen.[5] Mein Vater ging in die christliche Buchhandlung, um sie für mich zu kaufen, und bei ihrem nächsten Besuch brachten sie mir die Bücher mit. Ich las sie immer wieder und war nur noch verwirrter. Manchmal hatte ich Angst, zu viel darin zu lesen, als fürchtete ich, ich könnte dann Christin werden! Das war eine echte Bedrohung. War ich als Buddhistin so sehr institutionalisiert?

Ich lebte schon sehr lange im Tempel. Was würde es bedeuten, wenn mein Leben sich änderte? Es war ein bisschen so, wie wenn man lange mit jemandem verheiratet ist – das ganze buddhistische Denken und Leben einer Nonne war inzwischen ein Teil von mir.

Ich wusste, dass mein buddhistischer Glaube grundsätzlich auf die Probe gestellt wurde. Noch nie hatte ich den Buddhismus ernsthaft angezweifelt, und es gefiel mir nicht. Ich wollte Sicherheit. Ich erzählte niemandem, dass ich in diesen Büchern las, obwohl einige der Mönche und Nonnen sich für andere Religionen interessierten und es sie folglich nicht schockiert hätte. Ich wollte nicht, dass sie erfuhren, wie sehr ich mich dafür interessierte und wie tief das Video mich getroffen hatte.

Solche Zweifel zu haben, war ein unangenehmes Gefühl, zumal zu einem Zeitpunkt, an dem ich gerade begann, in der Klosterhierarchie aufzusteigen. Ich versuchte die ganze Sache zu verdrängen.

Ich sagte mir: «Ich werde mich nicht mehr mit dem Christentum beschäftigen. Das verwirrt mich zu sehr. Ich habe den Buddhismus noch nie in Frage gestellt und werde jetzt nicht damit anfangen.»

Also verstaute ich Jackies Bücher fest entschlossen ganz hinten in meinem Schrank und widmete mich wieder dem buddhistischen Leben. Ich versuchte alle Gedanken und jedes Interesse am christlichen Glauben «loszulassen». Es reichte! Ich wollte davon nicht mehr behelligt werden.

Aber so einfach war es nicht. Wir hatten im Winter lange Einkehrzeiten, zwei oder drei Monate jedes Jahr, wenn alle Aktivität im Kloster ruhte, wir keine Gäste aufnahmen und nur meditierten. In jenem Jahr hatte ich manchmal richtige Angst. Ich versuchte (aus buddhistischer Perspektive gesehen) alles, um mich zu beruhigen, aber es funktionierte nicht.

Eines Nachts, als ich nicht schlafen konnte, schrie ich in meiner Verzweiflung zu Gott. Ich sprach ein kurzes Gebet, das von Herzen kam: «Gott, wenn es dich wirklich gibt, dann komm bitte!»

Und Gott erschien. Nachdem ich gebetet hatte, spürte ich, wie ein Gefühl des Friedens und des Wohlbefindens mein Herz und meinen Körper durchströmte. Die Angst war ver-

schwunden. Sie war von mir genommen, und es dauerte nur
wenige Minuten, bis ich tief und fest schlief. Es war einfach
verblüffend. Zum ersten Mal hatte ich Gott eingeladen, mein
eigenes Leben zu berühren, ihn eingeladen und um Hilfe gebeten – und er war gekommen. Ich wusste, dass er mein Gebet
erhört hatte; der Friede, die Zufriedenheit und das Behagen,
das ich verspürte, hielten an, was angesichts meiner vorigen
Gefühle bemerkenswert war.

In gewisser Hinsicht wurde es jetzt schlimmer für mich,
nachdem ich nun wusste, dass Gott Wirklichkeit war. In dem
Video hatte ich gesehen, dass er in anderen Menschen gewirkt
hatte, aber jetzt wusste ich es aus eigener Erfahrung. Ich war
deshalb noch verwirrter, weil mein Verstand immer noch leug-
nete, dass es einen Gott gab. Ich war durch meinen Weg als
Buddhistin in dieser Sichtweise bestärkt worden, und in meinem Kopf stimmte ich dieser Überzeugung zu – aber mein
Herz und mein Geist wussten jetzt, dass Gott Wirklichkeit war.

Diese Spannung in meinem Innern war manchmal unerträglich, als würde ich in zwei entgegengesetzte Richtungen gezogen, die um meine Aufmerksamkeit und Zustimmung
kämpften und eine unglaubliche Verwirrung in meinen Gedanken verursachten. Noch nie im Leben hatte ich so etwas erlebt.

Ich wollte in einer Kirche sein. Ich wollte getauft werden und
beten. Nachdem ich mich jahrzehntelang überhaupt nicht für
den christlichen Glauben interessiert hatte, wusste ich ehrlich
gesagt gar nicht, was diese Dinge bedeuteten oder woher diese
Gedanken und Wünsche kamen. Niemand hatte mir beigebracht, dass diese Dinge für mich erstrebenswert wären,
aber ich wusste, dass ich sie tun wollte. Was war nur mit mir
los? Wurde ich nach Jahren im Kloster verrückt? Kam ich einfach nicht mehr mit den endlosen Regeln und Einschränkun-
gen zurecht? Oder war ich wirklich Gott begegnet?

Ich wusste fast gar nichts über das Christentum. Ich hatte

nur sehr wenig in der Bibel gelesen, und es gab in meiner Umgebung nicht viele Christen, mit denen ich hätte sprechen können. Doch eines Tages bat eine dienstältere Nonne mich, einer Gruppe von Christen in der Stadt etwas über den Buddhismus zu erzählen. (Die Nonnen wussten nichts von dem inneren Aufruhr, in dem ich mich befand. Ich hatte das Gefühl, es ihnen nicht erzählen zu können.) Ich war begeistert.

«Endlich», dachte ich, «kann ich mit ein paar Christen sprechen.»

Besser noch: Ich wurde alleine zu der Veranstaltung geschickt, so dass ich mehr Freiheit hatte, sie zu fragen, was ich wollte. Es war eine tolle Gruppe aus jungen Erwachsenen, die mehr über den Buddhismus und das Leben im Kloster erfahren wollten. Ich sagte gleich zu Anfang, ich würde ihnen vom Buddhismus erzählen, wenn sie mir *bitte* meine Fragen zum Christentum beantworten könnten.

Es war ein guter Abend für mich. Die jungen Leute halfen mir sehr, und eine der Frauen schien meinen Hunger nach mehr Informationen über den christlichen Glauben zu spüren. Kurze Zeit später kam sie mutig zum Tempel und brachte mir eine Bibel. Ihr war nicht bewusst, was sie getan hatte – meine eigene Bibel! Ich las unentwegt darin, und je mehr ich las, desto verwirrter wurde ich. Jackie Pullingers Bücher wurden wieder aus dem Schrank hervorgekramt, und immer, wenn ich ganz durcheinander war, schlug ich ihr Buch *Ein Riss in der Mauer* auf. Es enthielt wunderbare Bilder von Jackie, ihren Helfern und den Obdachlosen in Hongkong. Wenn ich sie ansah, spürte ich inneren Frieden und neue Klarheit und Kraft. Schließlich bekam *Ein Riss in der Mauer* einen zentralen Platz auf dem buddhistischen Schrein in meinem Zimmer, aufgeschlagen bei einem Bild, auf dem Jackie für einen Obdachlosen betet und neben dem die Worte stehen:

«Wichtig ist, dass wir wie Jesus sind und einen Menschen lieben, auch wenn er ein hoffnungsloser Fall zu sein scheint. Wir versuchen alles, um ihm zu helfen, egal was passiert. So ist das Herz Christi.»

Ich steckte in einer echten Glaubenskrise.

8. Entscheidung für das Leben

«Wenn ... du dich bekehrst zu dem Herrn, deinem Gott, dass du seiner Stimme gehorchst ... von ganzem Herzen und von ganzer Seele in allem, was ich dir heute gebiete, so wird der Herr, dein Gott, deine Gefangenschaft wenden und sich deiner erbarmen ... damit du das Leben erwählst und am Leben bleibst ... indem ihr den Herrn, euren Gott, liebt und seiner Stimme gehorcht und ihm anhangt. Denn das bedeutet für dich, dass du lebst und alt wirst ...»

5. Mose 30,2–3.19–20 (Lutherbibel)

Schwester Elisabeth, die anglikanische Nonne aus dem Dorf, kam mich eines Tages im Kloster besuchen und brachte eine Freundin mit. Alison Metcalf war Christin und wohnte in der Nähe meiner Heimatstadt. Es war das erste Mal, dass sie einen buddhistischen Tempel betrat. Später erfuhr ich, dass die große Buddha-Statue, die sie am Eingang sah, sie ziemlich eingeschüchtert hatte, aber sie ließ sich davon nicht abschrecken.

Sie erzählte mir begeistert von ihrem Glauben und ihrer Kirche, der Christ Church. Sie lud mich ein, mit ihr dorthin zu gehen, wenn ich Gelegenheit dazu hätte. Ich mochte Alison und wollte mit ihr in Kontakt bleiben. Sie war auch anglikanische Ordensschwester gewesen, und so hatten wir einige Gemein-

samkeiten, auch wenn die Grundlagen unserer beiden Glaubensüberzeugungen unterschiedlich waren. Ein paar Mal rief
ich sie vom Tempel aus an und bat sie um Rat, während ich
auf eine Gelegenheit wartete, mit ihr zur Kirche zu gehen.

Ich wusste es nicht, aber nach unserer ersten Begegnung
hatte sie angefangen, täglich für mich zu beten, während sie
mit ihrem Scottish Terrier hinter ihrem Haus über die matschi-
gen Feldwege lief.

Im Mai 1991 besuchte ich meine Heimatstadt und wohnte
zusammen mit einer dienstälteren Nonne und einer Novizin
bei meinen Eltern. Dies war meine Chance. Die andere Nonne
wollte nicht mit zur Kirche gehen (es war übrigens dieselbe
Nonne, die einige Jahre zuvor meine Fragen über Ostern beant-
wortet hatte; siehe Kapitel 5), also blieb sie zu Hause, aber die
Novizin und ich gingen mit Alison zur Christ Church.

Es war Pfingstsonntag – nicht, dass ich gewusst hätte, was
das bedeutete –, und der Pastor hielt eine Rede, nach der ein
älterer Mann eine Gebetszeit leitete. Die Menschen beteten
und sangen in ähnlicher Weise, wie ich es in Jackie Pullingers
Video gesehen hatte, also spürte ich eine gewisse Vertrautheit.

Erst kurz vorher hatte ich einen Traum gehabt, in dem ich
mit zwei älteren Herren, beide Christen, in einem Boot gesessen hatte, und ich hatte sie gedrängt, für mich zu beten. Der
Mann, der gerade während des Gottesdienstes die Gebetszeit
geleitet hatte, kam zu uns herüber, sah mich direkt an und
sagte ein paar Dinge, die mir Mut machten und mich trösteten.
Ich musste gleich an die beiden Männer aus meinem Traum
denken.

Anschließend sprach ich mit dem Pastor, Reverend Will
Whitehouse. Sein Blick war ruhig und selbstbewusst – er war
offensichtlich ein Mann, der sich seines Glaubens sicher war.
Ich war froh, dass ich mit ihm reden konnte, wenn auch nur
kurz. Alison hatte ihm vorher erzählt, dass zwei buddhistische

Nonnen mit zum Abendgottesdienst kommen würden, und ihm war bei der Vorstellung etwas unwohl gewesen. Aber Gott hatte ihn auf den Bibelvers in Jeremia 1,8 hingewiesen: «Fürchte dich nicht vor ihnen.»

Ich finde es spannend, jetzt zu hören, welchen ersten Eindruck diese Leute von mir hatten. Als Reverend Whitehouse uns zum ersten Mal sah, mich in meinem braunen Gewand und die Novizin in Weiß, erschrak er über unsere rasierten Köpfe. Er hatte das Gefühl, dass er vom Erscheinungsbild her nicht hätte sagen können, ob wir Frauen oder Männer waren. Er bemerkte auch, wie blass und unterernährt wir beide aussahen.

Der Gottesdienst wurde an diesem Abend von Clare Marks geleitet, einer langjährigen Christin, die im Leitungskreis der Gemeinde war. Im Gegensatz zum Pastor wusste sie nicht, dass wir kommen würden. Sie hat mir erzählt, sie habe zuerst gesehen, wie dünn und ausgemergelt ich war, und meine ausdruckslose Miene bemerkt. Sie spürte mein Unbehagen, als ich regungslos dastand, während die Musikgruppe spielte. Ich wirkte auf sie wie eine verlorene Seele, die darauf wartet, dass man ihr sagt, was sie tun soll. Sie fühlte in ihrem Herzen: «Gott sei Dank, dass sie hergekommen sind.» Es muss für die Gemeinde ein ziemliches Ereignis gewesen sein, uns bei ihrem Abendgottesdienst dabeizuhaben.

Nachdem ich wieder im Tempel war, wollte ich mehr denn je Christin sein. Ich wollte Gott anbeten, aber ich war in der buddhistischen Meditationstechnik der Ablösung so geschult, dass ich, wenn diese Gedanken in mir aufstiegen, automatisch versuchte, sie «loszulassen». Zum Glück ließen sie sich nicht so einfach verdrängen, sondern blieben in mir.

Meine Zweifel in Bezug auf den Buddhismus wurden immer stärker. Ich fing an, Tagebuch zu führen, und inzwischen weiß ich, dass das eine ausgezeichnete Sache ist, wenn man eine

Glaubenskrise durchmacht. Ich hatte jeweils eine Seite für den Buddhismus reserviert und eine für das Christentum, und ich schrieb meine Gedanken und Zweifel auf, die Vorteile und Nachteile der jeweiligen Religion, so wie sie mir bewusst wurden (auch wenn sie mir nicht jeden Tag gleich schienen). So versuchte ich herauszufinden, was ich wirklich fühlte und glaubte.

Es widerstrebte mir zunehmend, mich vor dem Bild Buddhas zu verneigen. Und mich vor den älteren Mönchen und Nonnen zu verbeugen, schien mir unsinnig und nutzlos. Ich hatte es jahrelang mit großer Ernsthaftigkeit getan, und jetzt schien es ganz und gar bedeutungslos.

Die Vorträge des Abts wurden mir ebenso zuwider. Ich hatte ihm immer begeistert zugehört, aber plötzlich konnte ich es nicht mehr ertragen. Ich schmuggelte Ohrstöpsel in die Versammlungen, um seine Worte auszublenden. Es ist nicht leicht, sich heimlich Ohrstöpsel in die Ohren zu stecken, wenn alle in geraden Reihen im Schneidersitz reglos auf dem Boden sitzen – aber ich schob sie weit hinein und hoffte, dass sie nicht herausfallen würden und dass niemand sie bemerkte. Und dass niemand fragte, warum ich sie benutzte.

Wenn ich zurückblicke, verstehe ich, dass Gott in mir am Werk war und den «Lebenssaft» meines einst so starken buddhistischen Glaubens aussaugte. Mein Glaube wurde völlig entleert.

Allmählich wurde mir klar: Wenn einige der Mönche und Nonnen sagten, sie würden Gott kennen, dann war das keine wirkliche Begegnung. Es war eher eine ungewöhnliche Art von Vorstellung und Denken – so wie es bei mir lange gewesen war –, Nirwana und Gott seien identisch. Ich weiß jetzt, dass das nicht stimmt. Im Buddhismus wird Gott in keiner Weise anerkannt oder angebetet. Buddhas Lehre in Bezug auf Gott ist sehr subtil und trügerisch. Er hat die

Existenz Gottes nicht *geleugnet,* und er hat sie auch nicht *bestätigt.* Doch obwohl Buddha die Existenz Gottes nicht geleugnet hat, wird Gott in der alltäglichen buddhistischen Praxis weder anerkannt noch verehrt. In Wirklichkeit ist im Buddhismus kein Platz für Gott. Gott ist die Grundlage des christlichen Glaubens und nicht die Grundlage des Buddhismus, und damit sind die beiden Glaubenssysteme ganz und gar verschieden.

Ich erinnere mich daran, wie ich einen älteren Mönch in Thailand mit einer Gruppe Mönche aus seinem Tempel scherzen hörte: «Wenn du nach England fährst, nenn den Buddhismus einfach Christentum.» Jetzt ist mir bewusst, wie falsch es war, die beiden zu verwechseln.

Ich weigerte mich inzwischen, Buddhismus oder Meditation zu lehren. Die Zweifel saßen so tief, dass ich nicht dafür verantwortlich sein wollte, andere in die Irre zu leiten. Ich wollte Menschen lehren, wie man betet, aber ich wusste ja bislang selbst kaum etwas darüber.

Ich bat die dienstälteren Nonnen um eine Auszeit, die sie mir freundlicherweise gewährten. Zu diesem Zeitpunkt lebte ich nach wie vor ganz nach den Regeln der Nonnen, aber mein Herz hatte begonnen, sich davon zu entfernen, wie ein Schiff, das aus dem Hafen segelt. Einige der Mönche und Nonnen wussten, dass ich einen inneren Kampf ausfocht. Menschen haben manchmal Phasen des Zweifels, deshalb übten sie keinen Druck auf mich aus. Dafür war ich sehr dankbar.

Ich rief meine Mutter an. Ich erzählte ihr nichts von der Verwirrung, in der ich mich befand, aber zum ersten Mal hörte sie in meiner Stimme Zweifel in Bezug auf mein Leben als buddhistische Nonne. Sie merkte, dass ich nicht mehr begeistert davon war, im Tempel zu sein. Mein Tonfall war anders. Inzwischen weiß ich, dass sie meinem Bruder Derek ganz aufgeregt sagte, sie hätte das Gefühl, ich würde den Orden verlassen. Weil er sie schützen wollte, sagte er zu ihr, sie solle sich keine zu großen Hoffnungen machen.

Ich fühlte mich manchmal wie auf einem Pendel stehend, das hin und her schwang und sogar außer Kontrolle geriet. Es war schrecklich, ein wahrer Albtraum geistiger Verwirrung. Manchmal versuchte ich, mich gegen die offensichtlichen Veränderungen, die in mir vorgingen, zu wehren und sie wegzuerklären. Vielleicht war ich ja einfach nur geschwächt. Vielleicht musste ich mein Leben als Nonne mit noch mehr Entschlossenheit führen. Es war wie ein Kampf um meinen Verstand. Ich hasste diese Unklarheit.

Ich fand ein Gebet aus der griechisch-orthodoxen Tradition, das mir sehr gefiel: «Herr Jesus Christus, Sohn Gottes, erbarme dich meiner, einer Sünderin.»

Dieses Gebet wiederholte ich während der Meditationssitzungen (anstatt zu meditieren), und ich fing an, Gott um Führung zu bitten. Ich wollte lernen, wie man betet, und zwar direkt zu Gott. Die buddhistische Meditation war für mich sinnlos geworden. Ich wollte nicht mehr «loslassen» oder mich auf Leere und Unbeständigkeit konzentrieren. Ich sehnte mich danach, mich zu Gott auszustrecken.

An diesem Punkt hatte der Aufruhr in mir seinen Gipfel erreicht, und etwas musste geschehen. Und so floh ich an jenem folgenschweren Sonntagmorgen aus dem Kloster, indem ich kurzentschlossen die Chance nutzte, die sich mir durch die Abwesenheit der Mönche und Nonnen bot, und den Hügel hinunter zur Kirche rannte. Ich sammelte mich gerade, als die letzten Kirchgänger das Gotteshaus verließen. Ich musste Frieden finden. Ich wollte mit dem Pastor sprechen. Meine Reise aus dem Buddhismus gewann an Tempo.

Später erfuhr ich, dass der Pastor, der an diesem Morgen mit mir betete, Reverend Richard Mason war. Es ist erstaunlich, dass ihn mein Auftauchen überhaupt nicht aus der Ruhe brachte, und später sagte er, es sei für ihn sogar ein Segen gewesen. Er wusste, dass ich in einer geistlichen Krise steckte, und ihm war bewusst, wie schwer es für mich sein würde, wenn ich den Orden verließ.

Zum einen besaß ich ja nichts. Ich hatte kein Geld und kaum materiellen Besitz, abgesehen von den wenigen Habseligkeiten, die eine buddhistische Nonne ihr Eigen nennt. Außerdem machten Reverend Mason und seine Frau sich Sorgen, weil sie nicht wussten, ob mein Abt mir Schwierigkeiten machen würde, wenn ich darum bat, gehen zu dürfen. Sie würden am Ende der Woche in Urlaub fahren und wussten, dass sie nach dem Treffen am Dienstag nicht da sein würden, um mir helfen zu können. Deshalb riefen sie einen Freund an, der ebenfalls Pfarrer war, Reverend Cyril Ross, und erzählten ihm, was geschehen war, für den Fall, dass ich mit ihm Kontakt aufnahm, während sie fort waren.

Von diesem Zeitpunkt an begannen sie, intensiv für mich zu beten. Trotz ihrer Befürchtungen vertrauten sie darauf, dass Gott gut für mich sorgen würde.

Zwei Tage später ging ich zu meinem sehnsüchtig erwarteten Gespräch im Pfarrhaus. Diesmal verließ ich den Tempel zusammen mit einer Novizin, weil es gegen die Regeln verstieß, allein fortzugehen. Wir gingen in Richtung Pfarrhaus. Ich wollte nicht, dass sie mitbekam, wohin ich ging, also bat ich sie, allein weiterzugehen, und sagte, wir würden uns im Tempel wieder treffen. Es war ein solider Plan; ich ging davon aus, dass sie keinen Verdacht schöpfen würde, und das tat sie auch nicht. Ich bog zum Pfarrhaus ab, wo ich herzlich willkommen geheißen und in Reverend Masons Arbeitszimmer geführt wurde. Wir unterhielten uns, und er las mir die folgenden Verse aus dem Johannes-Evangelium vor, in denen die Worte Jesu wiedergegeben sind:

«Seid nicht bestürzt und habt keine Angst! ... Vertraut Gott,
und vertraut mir! Denn im Haus meines Vaters gibt es viele
Wohnungen. Sonst hätte ich euch nicht gesagt: Ich gehe
hin, um dort alles für euch vorzubereiten. Und wenn alles
bereit ist, werde ich kommen und euch zu mir holen.
Dann werdet auch ihr dort sein, wo ich bin.»

Johannes 14,1–3

Niemand hatte mir jemals so unmittelbar ein Bibelwort zuge-
sprochen, und ich war hoch erfreut und fasziniert. Ich fragte
ihn: «Bedeutet das jetzt, dass ich Christin geworden bin?»

Er antwortete: «Ich glaube, dass Gott Sie wirklich angerührt
hat.»

Dies waren die bestätigenden Worte, auf die ich gewartet
hatte. Dieser Mann Gottes hatte mir bestätigt, dass ich Christin
geworden war, dass all die geistliche Verwirrung und Unruhe
darauf zurückzuführen war, dass ich Gott begegnet war.

Nach diesen wenigen Worten war ich jetzt ganz sicher, dass
ich den Orden verlassen musste. In meinem Kopf ging alles
durcheinander, wenn ich versuchte, an buddhistische Dinge
zu denken, aber wenn ich an Gott dachte, zu ihm betete oder
Christen sah – in Büchern oder in direkter Begegnung –, wurde
ich von Frieden erfüllt.

Ich rief meine Mutter an, um sie von ihren Qualen zu erlösen. Sie konnte es nicht fassen; sie fragte mich zweimal, ob es
wirklich wahr sei. Sie war außer sich vor Freude. In ihren wil-
desten Träumen hatte sie nicht gewagt, das zu hoffen.

«Es ist ein Wunder!», sagte sie.

Ich konnte die unendliche Erleichterung und Freude in ihrer
Stimme hören. Sie hatte immer gesagt, es sei ihr egal, ob ich
Straßen kehre oder nicht. In ihren Augen war fast alles besser,
als buddhistische Nonne zu sein. Ich versuchte ihr zu erklären,
dass Gott mich verändert hatte und dass ich jetzt Christin ge-

worden war, aber meine Mutter war der Meinung, dass ich wegen Jackie Pullinger ging, und wenn sie nicht gewesen wäre, hätte ich den Tempel wohl nie verlassen. Sie war von Anfang an eine Anhängerin von Jackie gewesen, deren Leben für sie, anders als der Buddhismus, nachvollziehbar war. Sie fing sogar an, das Buch *Ein Riss in der Mauer* zu lesen und anderen davon zu erzählen.

Mir wurde bewusst, dass ich viele Verletzungen in mir herumtrug, für die ich mich nach Heilung sehnte, aber durch den Buddhismus und die Meditation waren sie eingedämmt und unterdrückt worden, anstatt eine innere Verwandlung zu erleben. Ich hatte mich lange gegen das Christentum gewehrt – so lange, wie ich Gott widerstehen konnte und im Buddhismus fand, was ich suchte. Tief in meinem Innern hatte ich mein Leben nicht ändern wollen. Aber Gott war mir hartnäckig auf den Fersen geblieben, selbst als ich ihn verleugnete. Und jetzt gab es nur einen Weg zu Frieden und Wahrheit: mich ganz Gott zu überlassen.

Die Nonnen und Mönche waren siebeneinhalb Jahre lang meine engsten Freunde gewesen, aber jetzt konnte ich ihre Ansichten über den Buddhismus nicht mehr teilen. Wenn sie über Buddhas Lehren redeten, widersprach ich nicht, sondern stand einfach stumm da und konnte keinen Zugang mehr zu all dem finden. Im Großen und Ganzen behandelten sie mich respektvoll, auch wenn sie nicht verstehen konnten, was los war. Kein Wunder, dass es für einige von ihnen verwirrend und schmerzlich war. Ich war mitten in der Gemeinschaft, in der ich so lange gelebt hatte, eine Fremde geworden.

Meine Gedanken wurden ruhiger und klarer. Zum Glück hatte der Aufruhr in meinem Innern nachgelassen, und ich erlebte Gottes Frieden, von dem ich erfuhr, dass Jesus ihn seinen Jüngern versprochen hatte: «Dies alles habe ich euch gesagt, damit ihr durch mich Frieden habt. In der Welt habt ihr Angst,

aber lasst euch nicht entmutigen: Ich habe die Welt besiegt»
(Johannes 16,33).

Als mir klar wurde, dass ich Jesus kennengelernt hatte, auch
wenn ich eigentlich nicht in Worte fassen konnte, was mir wi-
derfahren war, öffnete sich eine Tür für mich – die Tür des
Klosters. Ich wusste, dass ich hindurchtreten und gehen musste. Bald begann die nächste Einkehr zur Regenzeit. Ich durfte
keine Zeit verlieren und musste dringend aus der Gemeinschaft austreten, bevor ich mich für weitere drei Monate verpflichtete.

9. Keine Nonne mehr

> «Fallt nicht auf Weltanschauungen und Hirn-
> gespinste herein. All das haben sich Menschen
> ausgedacht; aber hinter ihren Gedanken ste-
> hen dunkle Mächte und nicht Christus. Nur in
> Christus ist Gott wirklich zu finden, denn in
> ihm lebt er in seiner ganzen Fülle. Deshalb
> lebt Gott auch in euch, wenn ihr mit Christus
> verbunden seid. Er ist der Herr über alle
> Mächte und Gewalten.»
>
> *Kolosser 2,8–10*

Ich begann einigen Nonnen zu erzählen, dass ich gehen wollte. Eine von ihnen war die Nonne, mit der zusammen ich das Gelübde abgelegt hatte. Ich wusste, dass es für sie hart sein würde, weil wir gut befreundet waren und einander im Laufe der Jahre viel anvertraut hatten. Ich versuchte den richtigen Augenblick zu erwischen, um es ihr zu sagen, aber mir war klar, dass es nicht einfach sein würde. Zu diesem Zeitpunkt war ich mir sicher, dass ich die Gemeinschaft verlassen musste – und in gewisser Weise hatte ich das ohnehin schon getan. Aber wie sollte ich das jemandem beibringen, mit dem mich so viel verband?

«Wenn du austrittst und es dir dann wieder anders überlegst, musst du ganz von vorne anfangen.»

Sie machte sich große Sorgen. Sie wusste, dass ich früher einen festen buddhistischen Glauben gehabt hatte, und sie hatte mich als Nonne sehr geschätzt. Es fiel ihr schwer zu verstehen und darauf zu vertrauen, dass ich das Richtige tat. Meine Einstellung hatte sich gegenüber dem, was sie von mir kannte, radikal verändert. Ich versuchte sie zu beruhigen, aber sie war trotzdem ganz durcheinander.

Eine andere Nonne, mit der ich den größten Teil der letzten siebeneinhalb Jahre zusammen im Haus gelebt hatte, brach in Tränen aus und sagte: «Was ist nur mit dir los?»

Ich versuchte behutsam zu sein, als ich ihr und einigen anderen erzählte, dass ich Gott begegnet war und dass die Dinge sich geändert hatten. Einige der Nonnen akzeptierten das, auch wenn sie es nicht verstanden. Keine von ihnen machte sich über mich lustig oder schüchterte mich ein. Ich glaube, ein paar von ihnen fürchteten, ich wollte in die Welt zurückkehren und könnte vielleicht wieder auf die gefährliche Bahn weltlicher Vergnügungen und selbstsüchtigen Verhaltens geraten.

Ich konnte die Veränderungen, die in mir vorgegangen waren, auch nicht richtig erklären. Ich wusste nicht viel über Gott oder Jesus, aber in meinem Herzen und Geist wusste ich einfach, dass ich Christin sein musste. Viele Dinge lockten mich zu bleiben, aber die Suche nach der Wahrheit, die der Hauptgrund für mein Eintauchen in den Buddhismus gewesen war, erwies sich als stärker als meine Beziehung zum Buddhismus selbst. Ich sprach nicht mehr die gleiche Sprache wie die Nonnen und Mönche, mit denen ich so lange zusammengelebt hatte. Ich glaubte nicht mehr an die Verheißungen Buddhas und wollte nicht mehr seiner Lehre folgen.

Ich wusste jetzt, dass nicht alle spirituellen Wege zur letztendlichen Wahrheit führen. Der Buddhismus hatte mich nicht dorthin gebracht. Er hatte mich woanders hingeführt, aber nicht dorthin. Ich überlegte: «Wenn ich jetzt auf dem Sterbebett läge, hätte ich dann alles mir Mögliche getan, um die Wahrheit zu finden?»

Mir wurde klar, dass die Antwort auf diese Frage Nein lautete und dass ich mein Nonnengewand ablegen und Christin werden musste. Trotz all meiner Rebellion, Sünde und Götzenanbetung war Gott mir treu geblieben, und jetzt rief er mich in ein Leben mit ihm.

Der nächste Schritt war, den Abt um Erlaubnis für meinen Austritt aus dem Kloster zu bitten. Es war mir wichtig, die Gemeinschaft im Guten zu verlassen. Ich hätte einfach gehen können, aber ich hatte lange mit diesen Menschen zusammengelebt und wollte auf angemessene Weise gehen. Ich wollte nicht einfach davonlaufen, wie andere es in der Vergangenheit getan hatten. Wenn das geschah, wurden sie von der Klostergemeinschaft nicht in respektvoller Erinnerung behalten. Wie beim Stricken musste ich die Maschen sorgfältig abketten, um einen guten Abschluss zu erreichen.

Nachdem ich am Dienstag mit dem Pastor geredet hatte, bat ich um ein Gespräch mit meinem Abt. Ich hatte gerade den Zeitraum beendet, für den ich mich bei meiner Weihe verpflichtet hatte, nämlich die fünf Jahre als Zehn-Gelübde-Nonne. Für mich war es sehr befreiend, dass ich meinen Eid nicht brach: Ich hatte meine Pflicht erfüllt und war nicht länger daran gebunden.

Zwei Tage danach, am Donnerstag, den 25. Juli, traf ich mit dem Abt zusammen. Ich war nervös vor diesem Gespräch. Ich wollte aus dem Kloster austreten, und ich konnte mir nicht vorstellen, dass er begeistert sein würde.

Aber als ich den Raum betrat, spürte ich die Gegenwart und den Frieden Gottes. Ich wusste, dass ich nicht allein war. Ich kniete nieder und verneigte mich dreimal vor dem Abt, um meine Achtung auszudrücken, so wie es üblich war, wenn man sich in der Gegenwart eines dienstälteren Mönchs befand. Ich saß auf dem Boden, während er auf seinem Stuhl saß, und dann redeten wir. Ich hatte das Gefühl, dass wir uns in den letzten siebeneinhalb Jahren gut verstanden hatten, und ich hatte ihn die meiste Zeit über wirklich geschätzt und ihm vertraut. Schließlich erzählte ich ihm, dass ich zwar nicht genau wisse, warum, aber dass ich den Orden verlassen wollte. Ich erzählte ihm von dem Bild, das ich im Geiste vor mir gesehen hatte, von dem Schiff, das den Hafen verlässt. Ich konnte ihm nicht ins Gesicht sagen, dass ich Christin geworden war. Es fühlte sich einfach nicht richtig an. Ich wusste, dass eine der älteren Nonnen es ihm erzählt hatte, aber wir sprachen nicht darüber.

Er sah mich an und sagte: «Dein Glaube ist völlig zusammengebrochen», womit er recht hatte. Genau genommen half er mir zu verstehen, was mit mir passiert war. Mein buddhistischer Glaube war weg, zusammengebrochen und leblos; ich wollte mich nicht mehr vor dem Bild eines Menschen – vor Buddha – verneigen, wenn ich stattdessen Gott, den Schöpfer der Menschen, anbeten konnte. Es schien mir sinnlos.

Mit der Zeit begann ich zu verstehen, was ich in all den Jahren getan hatte. Ich war in der Götzenverehrung gefangen gewesen – was konkret bedeutet, irgendein *Geschöpf* anzubeten und nicht den *Schöpfer*. Ich hatte mein Leben der subtilen und intelligenten Philosophie eines Menschen geweiht, einem Geschöpf, anstatt den Schöpfer aller Dinge anzubeten, der Gott und Herr ist. Ich begriff, dass jedes andere geistliche Ziel außer dem einen wahren Gott Götzendienst ist: Es war bedeutungslos, und ich konnte den Gedanken, es weiterhin zu tun, nicht ertragen. Wie eifersüchtig Gott sein musste, wenn er sah, dass ich, anstatt ihn selbst anzubeten, meine Knie beugte und etwas oder jemanden verehrte, den er erschaffen hatte!

Später entdeckte ich die Worte in 5. Mose 4,24, in denen es heißt, dass Gott ein eifersüchtiger Gott ist, und mir war, als wären diese Worte für mich geschrieben worden. Jetzt wollte ich von ganzem Herzen den Schöpfer (Vater, Sohn und Heiligen

Geist, den dreieinigen Gott) anbeten und nicht etwas, das Gott gemacht hatte.

Aus der Bibel erfuhr ich, dass es viele Verse über Götzenanbetung gibt und dass Gott diese zutiefst verabscheut, was verständlich ist. Ihre Gefahren werden oft betont. Die Worte in 1. Johannes 5,21 sprachen genau in meine Situation: «Darum, meine Kinder, hütet euch davor, anderen Göttern nachzulaufen!» Ebenso in Hosea:

> ««Was habe ich mit den Götzen zu schaffen? Ich, der Herr, bin immer bei euch und antworte euch, wenn ihr mit mir redet. Ich bin wie ein prächtiger Wacholderstrauch; nur bei mir findet ihr, was ihr zum Leben braucht!› Wer klug und weise ist, der hört auf alle diese Worte und nimmt sie sich zu Herzen. Denn der Herr zeigt uns den richtigen Weg. Wer ihm vertraut, kommt ans Ziel, doch wer sich vom Herrn abwendet, stürzt ins Verderben.»
>
> *Hosea 14,9–10*

«Wenn du etwas gefunden hast, was dir besser hilft, gebe ich dir meinen Segen.»

Diese Worte meines Abts waren wirklich erstaunlich – er gab mir seinen Segen, wenn ich ging!

«Wann willst du austreten?», fragte er.

«So bald wie möglich», antwortete ich, «denn einigen der Nonnen fällt es sehr schwer, mit der Situation umzugehen.»

«Wie wäre es mit Sonntag?», fragte er.

«Gut», stimmte ich zu.

Ich war im Stillen erstaunt und froh. Er hatte mich nicht gebeten, noch eine Woche oder zwei zu warten und zu sehen, ob mein Entschluss vielleicht ins Wanken geriet, sondern ließ mich sofort ziehen. Ich glaube, er spürte, dass ich sicher war. Er fragte mich, ob ich normale Kleidung hätte, die ich statt

meiner Robe anziehen konnte, denn zu diesem Zeitpunkt besaß ich nur noch die zehn Gegenstände einer Nonne, zu denen
drei Gewänder, eine Almosenschüssel, ein Nähset und ein Ra-
sierer gehörten, aber kein Geld.

Ich sagte: «Nein, aber ich werde welche auftreiben.»

Wir unterhielten uns noch eine Weile, und dann ging ich,
ganz und gar verwundert und dankbar, weil ich so schnell gehen konnte und weil er mir seinen Segen dazu gegeben hatte.
Ich konnte es nicht fassen.

Dann machte ich mit unserer dienstältesten Nonne einen
Spaziergang durch das Feld, das zum Tempel gehörte und wo
ich viele Bäume gepflanzt hatte. Ich teilte ihr mit, dass ich aus
dem Orden austreten würde, und auch sie respektierte meine
Entscheidung und versuchte nicht, mich davon abzubringen
oder mich unnötig auszufragen. Auch sie gab mir ihren Segen.

Es ist schwer zu erklären, aber nachdem ich erst einmal die
Entscheidung getroffen hatte, auszutreten, war es, als umgebe
mich ein Schutzschild. Ich konnte Gottes Gegenwart spüren
und fühlte mich in jeder Situation sicher und geborgen in ihm,
als könne nichts und niemand mir etwas tun. Ich verspürte weder Traurigkeit noch Verlust, als ich mit meinem Abt und der
Nonne sprach, und die ganze Zeit vergoss ich nicht eine einzige Träne. Mein Blick war jetzt fest auf das Leben jenseits des
Klosters gerichtet.

Zusammen mit der Nonne, die sich um die Vorräte kümmerte, sah ich im Kleiderschrank nach. Ich hatte drei Tage Zeit, mir
andere Kleidung zu besorgen, bevor ich im Rahmen einer offi-
ziellen Zeremonie mit dem Abt und der dienstältesten Nonne
mein Ordensgewand ablegen würde. Die «Vorrats»-Nonne gab
mir ein paar Dinge, darunter eine grüne Bluse. Ich wollte auch
einen Rock, am liebsten in einem ähnlichen Stil wie dem des
Sarongs, den ich siebeneinhalb Jahre lang getragen hatte, also
schmal geschnitten. Wir trugen niemals normale Kleidung, so

dass es ein ziemlicher Schock war, etwas anderes anzuziehen: Ich hatte so lange nur das buddhistische Gewand getragen. Sie fand einen grünen Rock, der aus einer Gardine geschneidert worden war.

«Das geht», dachte ich. Es kam dem, was ich gewohnt war, am nächsten. Mein Vater hatte recht gehabt: Ich würde einen Kurs in «normalem» Leben brauchen. Es würde nicht einfach werden, mich daran zu gewöhnen.

Zwischen dem Tag, als ich Jackie Pullingers Video zum ersten Mal gesehen hatte, und meinem Austritt aus dem Kloster lag etwa ein Jahr. Ich hatte mich lange gegen die Veränderung gewehrt, aber am Ende hatte Gott gewonnen. Ich habe mich oft gefragt, warum ich die Einzige war, die so tief von Gott berührt wurde, als wir damals das Video ansahen. Warum ich? Warum war ich die Einzige, die erlebt und erfahren hatte, dass Gott die Wahrheit ist, wenn der ganze Raum voller Mönche und Nonnen gewesen war, die alle «Suchende» waren? Die einzige Antwort, die ich darauf weiß, liegt in Gottes Gnade mir gegenüber – ich hatte nichts getan, um es zu verdienen. Aus irgendeinem Grund war er mir gnädig und rührte mich an.

«[Gott] hat uns so sehr geliebt, dass er uns mit Christus neues Leben schenkte. Denkt immer daran: Alles verdankt ihr allein der Gnade Gottes. ... So will Gott in seiner Liebe zu uns, die in Jesus Christus sichtbar wurde, für alle Zeiten die Größe seiner Gnade zeigen.»

Epheser 2,4–5.7

Eine Nonne erfasste es genau: «Du hast Gott kennengelernt, deshalb hat es keinen Sinn, wenn du hierbleibst.» Dann sagte sie: «Ich beneide dich um deine Begegnung mit Gott.»

Ihre Verletzlichkeit und Ehrlichkeit rührten mich sehr. Offenbar wusste sie, dass sie noch nicht gefunden hatte, wonach sie suchte, und dass es noch etwas anderes, Größeres gab als das, was sie hatte.

Dann brach der Morgen des 28. Juli 1991 an, der Tag, an dem ich offiziell mein Gewand ablegen sollte. Es war ein Sonntagmorgen, und ich saß auf dem Boden und wartete darauf, dass die dienstälteste Nonne zu mir kam. Ich saß allein in meinem buddhistischen Gewand dort, meine Almosenschüssel neben mir, und war von Frieden erfüllt und von Vorfreude auf die Befreiung, die auf mich wartete.

Während ich da saß, konnte ich die Glocken der Kirche im Dorf hören. Es war, als wollten sie meine Aufmerksamkeit erregen. Ich hob den Kopf und lauschte ihnen, während ich mich auf ihren tröstlichen, beruhigenden, wundervollen Klang konzentrierte. Ich fing an zu lächeln (vielleicht wurde im Himmel ja gefeiert) und konnte Gottes Gegenwart in mir spüren. Er war bei mir. Ich war ruhig, gefasst und glücklich.

Die Nonne kam herein und setzte sich zu mir, und gemeinsam warteten wir darauf, dass der Abt kam und die Zeremonie leitete. Wir würden nur zu dritt sein. Manchmal waren Austrittszeremonien etwas trostlos.

Der Abt kam und setzte sich auf seinen Stuhl. Wir verbeugten uns in seine Richtung. Ich hatte ihm ein Geschenk mitgebracht – den untersetzten, bronzenen, lachenden chinesischen Buddha, den meine Eltern für mich gekauft hatten. Ich wollte nichts Buddhistisches mehr behalten, seien es Bücher, Buddha-Figuren oder irgendetwas anderes. Dies war eine gute Gelegenheit, mich davon zu trennen. Ich blickte ihn an und sagte, ich würde ihm gerne diese Buddha-Figur geben, sie habe mir viel bedeutet und mich an ihn erinnert (er war auch recht kräftig gebaut).

Der Abt lachte laut auf. Dies würde keine düstere Zeremonie werden: Selbst der Abt war gut gelaunt. Wir sangen die nötigen Gesänge, dann ging ich hinaus, um meinen grünen Rock und die Bluse anzuziehen. Als ich zurückkam, überreichte ich dem Abt die buddhistischen Symbole der höheren Weihe: das Gewand und die Schüssel.

Die ganze Prozedur verlief ohne Schwierigkeiten. Ich sah in meinem neuen grünen Kostüm einigermaßen seltsam aus, aber das war mir gleichgültig. Ich hatte das Nonnengewand abgelegt und wusste, dass ich Geduld haben musste, was die Zeit der Umgewöhnung betraf. Jetzt war ich frei. Materiell gesehen hatte ich so gut wie nichts – kein Geld, keinen Besitz und nur ein paar Kleidungsstücke aus dem Wäscheschrank. Aber ich war voller Hoffnung, ich hatte Gott und ich fühlte mich reich. Ich vertraute darauf, dass Gott für mich sorgen würde. Wenn ich siebeneinhalb Jahre lang als «professionelle Bettlerin» hatte leben können, wie viel mehr würde dann unser wahrer und lebendiger Gott auf mich Acht geben. Mein Austritt aus dem Kloster war wirklich ein Glaubensschritt gewesen.

Meine Gefühle in jenem Augenblick entsprachen denen des Apostels Paulus darüber, dass er nach Jahren als Pharisäer Christ geworden war. Seine Worte im Philipperbrief gaben meine eigene Erfahrung wieder, als ich aus dem strengen, gesetzlichen Leben des buddhistischen Klosters kam:

«Aber seit ich Christus kenne, ist für mich alles wertlos, was ich früher für so wichtig gehalten habe. Denn das ist mir klar geworden: Gegenüber dem unvergleichlichen Gewinn, dass Jesus Christus mein Herr ist, hat alles andere seinen Wert verloren. Ja, alles andere ist für mich nur noch Dreck, wenn ich bloß Christus habe. Zu ihm will ich gehören. Durch meine Leistung kann ich vor Gott nicht bestehen, selbst wenn ich das Gesetz genau befolge. Was Gott durch Christus für mich getan hat, das zählt. Darauf will ich vertrauen.»

Philipper 3,7–9

Dreizehn Jahre lang hatte Buddhas Lehre sich für mich wie ein Berg der Wahrheit angefühlt, der hinter mir stand. Als ich Christus kennenlernte, war dieser Berg eingestürzt und zu Staub und Trümmern zerfallen. Was mich betraf, so war die Illusion entlarvt worden, und ich konnte erkennen, was sie wirklich war. Was sich so echt angefühlt hatte, war in Wirklichkeit wertlos und unwichtig.

Ich danke Gott, dass er mein Leben als buddhistische Nonne wertlos und sinnlos gemacht hat. Ich habe seine Gegenwart ganz deutlich gespürt, und er hat mir die Klarheit und Kraft gegeben, das Kloster zu verlassen. Aus eigener Kraft hätte ich es nicht geschafft – dazu war ich viel zu sehr institutionalisiert, mein Verstand war zu sehr mit der intellektuell verlockenden Lehre Buddhas verbunden, und ich hing zu sehr an der Tradition und meiner Position darin. Aber Gott hatte einen Weg gefunden. Jetzt war ich bereit, ganz in mein Leben als Christin einzutauchen. Ich war keine Götzendienerin mehr, die ein Geschöpf anbetete, sondern ich betete den Schöpfer aller Dinge an. Das war in der Tat ein Neuanfang. Und es war ein großartiges Gefühl.

10. Auszug aus dem Tempel

«Ich bin der Herr, dein Gott … Du sollst außer
mir keine anderen Götter verehren! Fertige dir
keine Götzenstatue an, auch kein Abbild von
irgendetwas am Himmel, auf der Erde oder im
Meer. Wirf dich nicht vor solchen Götterfigu-
ren nieder, bring ihnen kein Opfer dar! Denn
ich bin der Herr, dein Gott. Ich dulde keinen
neben mir!»

2. Mose 20,2–5

Ich hatte beschlossen, noch drei Wochen im Tempel zu verbringen, was die Mönche und Nonnen mir auch gestatteten.
Ich hatte so lange in einem buddhistischen Tempel gelebt,
dass ich etwas Zeit brauchte, um mich an mein neues Leben
zu gewöhnen. Ich ging nie mehr zu den Meditationen, hörte
mir keine buddhistischen Vorträge mehr an, und auch an den
Zeremonien nahm ich nicht mehr teil. Ich wohnte einfach nur
dort und versuchte, mich irgendwie auf das Leben draußen
vorzubereiten.

Nachdem ich aus dem Orden ausgetreten war, schenkte mir
ein freundlicher Mensch zehn Britische Pfund. Das war das
erste Mal in fünf Jahren, dass ich Geld in der Hand hatte. Ich
weiß noch, wie ich zu dem kleinen Laden im Dorf ging, mir
eine Tüte Chips kaufte und sie mit großem Genuss aß. Ich lä-
chelte den ganzen Weg zum Tempel zurück: Ich hatte mir nicht
nur selbst etwas gekauft, sondern aß auch ohne jeden «medizi-

nischen» Grund feste Nahrung nach zwölf Uhr mittags, was ich seit Jahren nicht mehr getan hatte.

Ich hatte das Gefühl, dass jede «normale» Tätigkeit, so wie das Geldausgeben, ein kleiner Triumph war, ein weiterer Schritt in die Gewöhnung an ein Leben außerhalb des Tempels.

Am nächsten Morgen ging ich zu dem anglikanischen Pfarrer und seiner Vikarin, die gleichzeitig auch seine Frau war: Cyril und Mary Ross. Ihre Kirche lag auf einer anderen Seite des Hügels als die von Reverend Richard Mason. Und sie waren das Ehepaar, das Richard vorinformiert hatte, falls ich während des Urlaubs der Masons mit ihnen Kontakt aufnehmen sollte. Ich hatte sowieso schon von ihnen gehört, denn sie waren in der Gegend sehr beliebt.

Ich hatte Mary einen oder zwei Tage vorher angerufen. Ich wusste es nicht, aber als ich anrief, fand im Pfarrhaus gerade eine Sitzung statt. Ich erklärte Mary am Telefon: «Ich bin eine Ordensschwester aus dem buddhistischen Tempel und möchte gerne Christin werden.»

Mir war nicht klar, was für eine Aufregung ich damit auslöste. Normalerweise hatten sie wenig mit den Mönchen und Nonnen zu tun, aber sie erkannten uns natürlich an der auffälligen Kleidung, wenn wir im Ort unterwegs waren. Jetzt würden sie eine von ihnen näher kennenlernen.

Als ich in meinem neuen nichtbuddhistischen Zustand ans Pfarrhaus klopfte, öffnete Mary mir. Ich hatte immer noch sehr kurze Haare und war etwas seltsam angezogen. Sie hieß mich herzlich willkommen und machte mir einen Tee, und dann erzählte ich ihr von meinem Austritt aus der Ordensgemeinschaft. Sie und ihr Mann Cyril waren erstaunt und begeistert und stellten gleich Überlegungen an, wie sie mir helfen könnten. Ich mochte die beiden von Anfang an und war gerne mit ihnen zusammen.

Während der nächsten drei Wochen suchte ich sie mehrmals

in ihrem Haus auf. Die gute Mary nahm sich die Zeit, mir die Grundlagen des christlichen Glaubens zu vermitteln. Sie wusste, dass ich keine echte christliche Prägung hatte und nur wenig über die Bibel wusste. Sie war eine wunderbare Mentorin, der es Freude machte, mich anzuleiten: entschlossen, weise und eine leidenschaftliche Nachfolgerin Jesu. Sie brachte mir auch bei, wie man betet, was ich schon lange wissen wollte, und wir beteten zusammen. Sie lieh mir einige Kassetten mit Anbetungsliedern, und ich weiß noch, dass ich es genoss, den Taizé-Gesängen zuzuhören. Eines der Lieder, «Oh Herr, höre mein Gebet. Oh Herr, höre mein Gebet. Wenn ich rufe, antworte mir», hallte in meinen Gedanken wider.

Ich hatte viele Fragen, aber ich vertraute darauf, dass sich vieles mit der Zeit klären würde. Es gab in meinem neuen Glauben sehr viel zu lernen. Ich wollte mehr wissen und alles in mich aufnehmen.

Das Wichtigste war für mich zu entdecken, dass Gott Wirklichkeit ist. Bei all seiner Suche und der «Ablösung» von der Welt, in seiner verzweifelten Jagd nach einem Weg aus Alter, Krankheit und Tod, hatte Buddha die wichtigste Wahrheit von allen nicht erkannt: Gott.

Ich hatte erfahren, dass die absolute Wahrheit, die ich gesucht hatte, Gott war. Er ist die Antwort, und es gibt keine andere. Die Worte Jesu ergaben jetzt für mich einen Sinn: «Ich bin der Weg, ich bin die Wahrheit, und ich bin das Leben!» (Johannes 14,6). «Ihr werdet die Wahrheit erkennen, und die Wahrheit wird euch befreien!» (Johannes 8,32).

Mir wurde klar, dass dies keine leeren Worte waren, sondern etwas, das man wirklich erleben konnte. Allmählich begann ich zu verstehen, dass er in die Welt gekommen war, um uns zu sagen, dass er die Wahrheit ist. Gott selbst ist die Erfüllung der Sehnsucht und der Jagd nach der Wahrheit und dem wahren

Sinn des Lebens: «Der Herr aber ist der wahre und lebendige Gott, der ewige König» (Jeremia 10,10).

Nachdem ich die Bibel früher überhaupt nicht verstanden hatte, verschlang ich sie jetzt eifrig. Ich erkannte tief in meinem Herzen und Geist, dass sie Gottes Wahrheit für uns ist, mit seinem Leben, Sinn und Rat gefüllt, unveränderlich und nicht verhandelbar. Sie wurde für mich ganz lebendig und wichtig.

«Das Gras verdorrt, die Blumen verwelken, aber das Wort unseres Gottes bleibt gültig für immer und ewig» (Jesaja 40,8). Jesus hat gesagt: «Himmel und Erde werden vergehen; meine Worte aber gelten für immer» (Matthäus 24,35). Mary half mir, den Reichtum der Bibel zu entdecken.

Während einer unserer Zusammenkünfte gingen wir in die Kirche, um zu reden und zu beten, aber dort wurde gerade geputzt, und so setzten wir uns auf dem Friedhof auf einen Grabstein. Mary erklärte mir, dass für mich als Christin nichts und niemand wichtiger sein dürfe als Gott. Nichts, auch keine Arbeit und kein Freund, durfte zu einem Götzen werden. Sie sagte, wenn etwas in meinem Leben zu beherrschend würde, sollte ich es «Gott übergeben». Alles und jeder gehöre Gott. Sie sagte, Buddha-Figuren seien Götzen, die leblosen hölzernen und steinernen Symbole eines Mannes (was mir inzwischen klar war), aber dass die Symbole in einer Kirche, zum Beispiel Kreuze und Jesus-Abbildungen, nur Gedächtnisstützen und Erinnerungen sind, die uns zu Gott führen und als solche nicht angebetet werden sollen.

Ich sprach gerne mit Mary, und sie merkte, dass ich umgänglich war und begierig lernte. Sie hatte keinen Zweifel, dass Gott bei all dem gegenwärtig war.

Was ich nur sehr schwer akzeptieren konnte, war die Tatsache, dass ich mich nicht abmühen musste, um das Heil zu erlangen. Im Buddhismus hatte ich gelernt, dass meine geistliche Entwicklung von meinen eigenen Anstrengungen abhing.

Buddha lehrte seine Anhänger, sie sollten sich selbst Zuflucht sein, und deshalb war ich versucht, alles selbst zu bewerkstelligen.

Mary erklärte mir das Geheimnis des Kreuzes. Sie sagte, Jesus habe durch seinen Tod und seine Auferstehung alles getan, was für meine Rettung nötig sei. Der Preis sei von ihm bereits bezahlt worden.

Sie sagte, ich solle alle meine Fehler Jesus überlassen.

«Das ist ihm gegenüber aber nicht fair!», protestierte ich.

«Aber dafür ist er gestorben», erwiderte Mary.

«Wirklich?», sagte ich. «Dann soll er alles haben. Wie übergebe ich ihm denn die Sachen?»

Sie erklärte es mir genau.

Ich musste nur an ihn glauben. Ich konnte einfach Gottes kostenloses Geschenk der Gnade und Erlösung annehmen. Vorher, als Buddhistin, hätte ich das für zu einfach gehalten, ein bisschen erbärmlich sogar. Warum brauchte ich einen Erlöser, jemanden, der alles für mich tat, wenn ich es doch selbst tun konnte? Jetzt wurde mir bewusst, dass ich durch alle meine Bemühungen, egal, wie ernsthaft ich es versuchte, niemals gut genug werden konnte. In Gottes Augen war ich gerecht geworden, einfach weil ich an Jesus glaubte und mich entschieden hatte, ihm zu folgen. Ich hatte einen Ort wunderbarer Ruhe gefunden.

Ich besaß immer noch sehr wenige Dinge, hatte wenig Geld und nicht viel an Kleidung für ein normales Leben. Mary wollte mir helfen und gab mir ein paar Sachen zum Anziehen, aber ich war viel größer als sie, also gingen wir in einen Secondhand-Laden, um einen Rock für mich zu kaufen.

Die ganze Angelegenheit war auch für Mary ein Lernprozess, wie sie mir sagte. Sie weiß noch, wie überrascht sie war, als sie erfuhr, dass in einem buddhistischen Kloster kaum körperlicher Kontakt erlaubt war, nicht einmal die Hand gab man den anderen, geschweige denn, dass man sie umarmte oder ihnen einen Friedenskuss gab. Nachdem ich gerade erst mein Nonnengewand abgelegt hatte, waren mir diese normalen Zuneigungsbekundungen ganz fremd. Ihr wurde bewusst, dass mir eine schwierige Zeit der Anpassung bevorstand, nachdem ich wieder in der Welt lebte. «Wiedergeboren» zu sein, hatte für mich eine ganz besondere Bedeutung!

Bevor ich das Kloster verließ, hatte ich mich einmal gefragt, wie es mir ohne die vielen Regeln, unter denen ich als Buddhistin gelebt hatte, gelingen sollte, ein moralisch reines Leben zu führen. Würde ich plötzlich einen moralischen Zusammenbruch erleben, wenn ich das «Gerüst» des Gesetzes, das mich aufrecht gehalten und eingezäunt hatte, nicht mehr hatte? Die Antwort war: Jesus lebt in mir. Wenn ich auf ihn sehe und meinen Blick nicht von ihm abwende, gibt er mir durch seine Gnade die Kraft, gut zu leben. Diese Wahrheit fand ich wunderbar zusammengefasst in Kolosser 1,27: «Christus in euch, die Hoffnung der Herrlichkeit» (Lutherbibel). Die Lehre Jesu bezieht sich auf das Leben, das er uns schenkt, nicht wegen *unserer* Gerechtigkeit, die nie groß genug sein wird, sondern wegen *seiner*. Jetzt lebt einer in mir, der größer ist und der Jesus heißt.

Die Erkenntnisse des christlichen Autors Oswald Chambers halfen mir, eine klare Sicht in Bezug auf die Reinheit zu erlangen: «Die wahre tiefe Krise des Verzichts ist ein innerlicher Prozess, kein äußerlicher. Das Aufgeben äußerlicher Dinge kann ein Zeichen völliger Unfreiheit sein.»[6]

Er half mir zu erkennen, dass es mir gelingen würde, in moralischer Reinheit zu leben, wenn ich bewusst meinen Willen Gott unterstellte und meine Beziehung zu ihm im Gehorsam lebte. Der äußerliche Verzicht auf Dinge, den ich so lange geübt hatte, wird, so paradox es klingt, leicht zu einer tiefen Form der Abhängigkeit.

Als ich mein Nonnengewand ablegte, fühlte ich mich in keiner Weise geringer oder minderwertiger als eine Nonne. Jetzt war Jesus meine Heiligkeit, Weisheit, Weihe und Erlösung. Ich war befreit, um die göttlichen Seiten seiner Welt zu genießen. Es verstieß nicht länger gegen die «Regeln», zu singen, zu tanzen und Make-up zu tragen, andere Kleider als die Nonnengewänder anzuziehen, ins Kino zu gehen, Auto zu fahren, Geld zu verwenden, nach dem Mittag zu essen oder in der Öffentlichkeit mit den Armen zu wedeln und zu winken! Diese Regeln schienen mir jetzt wie die reine Unfreiheit; ich genoss die Freiheit in Christus – nicht die Freiheit zu sündigen, sondern die Freiheit, ein wirklich echtes und erfülltes Leben zu führen.

Eines Tages schlug Mary, nachdem sie mit ihrem Mann gesprochen hatte, vor, es sei für mich gut, in einer kleinen Zeremonie in ihrer Kirche meinen Glauben an Christus zu bekräftigen, bevor ich zu meinen Eltern zurückging. Ich hatte die «Maschen» des Buddhismus «abgekettet», und es schien eine gute Idee, meine Zugehörigkeit zu Christus ganz bewusst und öffentlich zu erklären, vor allem nachdem ich dreizehn Jahre im Buddhismus gefangen gewesen war. Ich fand die Idee großartig.

Nicht lange danach nahm ich deshalb an einer einfachen Zeremonie in der Kirche teil, um meine Hingabe an Christus zu bestätigen. Die Ortsgemeinde war mit anwesend. Mary und Cyril hatten den Gottesdienst extra gestaltet (mit dem Segen des Bezirksbischofs), und er fand am 11. August 1991 statt, von beiden geleitet. Es war ein wichtiges und bedeutungsreiches Ereignis für mich. Es tat gut, meinen Glauben vor anderen Menschen zu bekennen; jetzt war er nicht mehr eine Sache zwischen mir und ein paar anderen, sondern eine ganze Gemeinde war eingebunden. Es war ein eindeutiges Zeichen dafür, dass ich mein früheres Leben als Buddhistin hinter mir ließ und jetzt Christus folgen konnte.

Nachdem die drei Wochen vorbei waren, am 17. August

1991, kamen meine Eltern, um mich im Tempel abzuholen und mit nach Hause zu nehmen. Auf unserem Heimweg statteten wir Richard und Anne Mason im Pfarrhaus einen Abschiedsbesuch ab. Es war schön, sie noch einmal zu sehen, bevor ich fuhr. Endlich war ich frei, und es war ein großartiges Gefühl. Meine Eltern waren außer sich vor Freude. Mein Vater, der zu diesem Zeitpunkt fünfundsiebzig war, hatte nicht mehr geglaubt, dass er mich noch einmal ohne buddhistisches Nonnengewand sehen würde.

Wenn ich zurückblicke, danke ich Gott für Reverend Richard Mason und seine Frau Anne und für die beiden Pastoren Mary und Cyril Ross. Sie alle waren Gottes Boten, die er mir in einer Zeit großer Not und Verwundbarkeit geschickt hatte. Ich werde ihnen immer ausgesprochen dankbar sein und habe auch heute noch Kontakt zu ihnen.

Was für eine paradoxe Situation! Ich war so weit gereist, in räumlicher Hinsicht, aber auch, was meinen Lebensstil und meine geistliche Suche nach der Wahrheit betrifft – und jetzt brachten meine Eltern mich nach Hause und ich würde nur wenige Kilometer entfernt von dem Ort, an dem ich aufgewachsen war, zur Kirche gehen. Was ich die ganze Zeit gesucht hatte, lag quasi direkt vor meiner Haustür!

11. Ein neues Leben beginnt

«Ich bin gekommen, damit sie das Leben
haben und es in Fülle haben.»
Johannes 10,10 (Einheitsübersetzung)

In meiner Heimatstadt hatte ich mich bei meinem ersten Besuch als Nonne in der Christ Church so wohl gefühlt, dass ich mir nie die Frage stellte, zu welcher Gemeinde ich gehören sollte. Also ging ich gleich hin und bin bis heute Mitglied dort. Reverend Will Whitehouse und seine Frau Rosemary hießen mich herzlich willkommen. Sie sind beide wunderbare Christen, die fest auf dem Boden der Bibel stehen, und die Lehre, die sie verkündeten, war eine gute Basis für alles, was noch kommen sollte.

Das Leben außerhalb des buddhistischen Tempels fing damit an, dass ich bei meinen Eltern lebte. Am Anfang konnte ich nicht arbeiten. Ich war einige Stunden auf und musste mich dann wieder ausruhen. Es war ein richtiger Schock, wie schwach ich körperlich geworden war. Eine schleichende Entkräftung hatte sich, von mir unbemerkt, breitgemacht, aber jetzt konnte ich sie erkennen. Die ersten Monate brauchte ich, um viel auszuruhen und zu essen. Bald war ich nicht mehr ausgezehrt, sondern nahm zu und wurde mit der Zeit kräftiger.

Es war wunderbar, endlich regelmäßig mit Christen zusammen zu sein und in den Gottesdienst zu gehen. Ich wurde von der Gemeinschaft in der Christ Church herzlich aufgenommen: Die Mitglieder waren in vielerlei Hinsicht sehr freundlich und rücksichtsvoll. Ein paar von ihnen luden mich zum Mittagessen ein oder gingen mit mir in ein Café, freundeten sich mit mir an oder luden mich zu interessanten Tagungen und Seminaren ein. Sie waren wirklich wie eine geistliche Familie, die sich meiner annahm. Viele von ihnen konnten kaum die Verwandlung fassen, die ich seit dem letzten Pfingstfest durchgemacht hatte, als sie mich gesehen hatten, und manche sprechen noch heute davon.

Für manch einen war es schwierig, sich die Situation, aus der ich kam, vorzustellen. An ihren Reaktionen und daran, wie tief ihre Kinnlade herunterfiel, wenn ich ihnen erzählte, was ich getan hatte, konnte ich merken, dass es keine Kleinigkeit war, vom buddhistischen Klosterleben befreit worden zu sein. Allmählich dämmerte mir, wie erstaunlich es eigentlich war, dass ich das Kloster verlassen hatte.

Will und Rosemary wussten, dass ich mehr über die Grundlagen eines Lebens als Christin und über das Wort Gottes lernen musste. Sie schienen immer genau zu wissen, was ich wann brauchte. Ich vertraute ihnen und wandte mich an sie, wenn ich Rat brauchte. Ich war begeistert, als sie mir anboten, mir die Teilnahme an einer Bibelschule zu ermöglichen, die von einer Kirchengemeinde am Ort durchgeführt wurde. Dort ging es nicht nur um akademisches Wissen, sondern auch um ganz praktisches Christsein, wobei der Umsetzung im Alltag besondere Beachtung geschenkt wurde. Ich hatte nicht viel Geld, aber Will und Rosemary boten mir an, die Kosten zu übernehmen, damit ich früh in meinem Leben als Christin eine gute Glaubensgrundlage erhielt. Ihre fortwährende Güte und Freundlichkeit mir gegenüber ist mir ein großes Vorbild.

Als Menschen, die selbst ein sehr reiches Gebetsleben hatten, betonten sie, wie wichtig es war, dass ich im Gebet wuchs. Sie lehrten mich praktische Schritte, wie ich auf Gott hören und mit ihm reden konnte, wie ich den Unterschied zwischen

Gottes Stimme und meinen eigenen Gedanken erkennen konnte und wie ich Bilder und Schriftworte von Gott empfangen konnte. Das war in gemeinsamen Gebetsgruppen möglich. Es war faszinierend zu sehen, wie Gott durch verschiedene Mitglieder der Gruppe zu uns sprach, indem er jeden auf seine eigene Weise benutzte, um mit uns zu kommunizieren – eine gemeinschaftliche Zeit mit Gott, die ganz anders war als die einsame Meditation, die ich jahrelang praktiziert hatte. Viele der Gemeindemitglieder entwickelten die Grundlage unseres Gebetsverständnisses durch diese gemeinsamen Gebetszeiten.

Die buddhistische Meditation hat mit dem christlichen Gebet überhaupt nichts gemein und kann nicht damit verglichen werden. Das christliche Gebet gründet fest auf Gott. Die Beziehung zwischen Gott und dem Glaubenden ist der Kern; er tritt mit uns in Beziehung – und wir mit ihm. Die Grundlage des Buddhismus ist nicht Gott.

Ich weiß noch, dass ich mit Will sprach und zu ihm sagte, nachdem ich mein Leben so lange dem Buddhismus geweiht hatte, sei ich begierig darauf, Christus zu dienen, und hoffe, noch innerhalb meines ersten Jahres als Christin in die Mission zu gehen. Er war sehr klug und riet mir, Geduld zu haben. Natürlich hatte er recht.

Bald darauf sagte Gott mir sogar klar und deutlich, dass ich in den nächsten drei Jahren nirgendwohin gehen würde. Zu diesem Zeitpunkt entspannte ich mich wirklich in meinem Leben, meinem Heimatort und meiner Gemeinde, weil ich wusste, dass es eine Zeit der Vorbereitung war und dass es in Ordnung war, diese Zeit einfach damit zu verbringen, im Glauben zu wachsen und mein Leben außerhalb des Tempels neu zu ordnen. Ich war impulsiv, aber Gott hatte keine Eile.

Zuerst fand ich die Welt meiner Eltern, bei denen ich wohnte, beinahe unerträglich laut (obwohl sie im Vergleich zu dem Leben anderer Leute wahrscheinlich ziemlich normal war).

Das Telefon klingelte, Fernseher und Radio liefen, und laute Stimmen ertönten. Mir war nicht bewusst gewesen, in was für einer stillen Welt ich so lange gelebt hatte. Ich war nicht sehr sensibel und warf meinen Eltern vor, sie seien schrecklich laut!

Als ich zum ersten Mal in neun oder zehn Jahren im Kino war, überwältigte mich die Fülle der Sinnesreize. Es war beinahe zu viel: die riesige Leinwand, große Menschen, laute Geräusche. Meine Gedanken und meine Vorstellungskraft waren noch lange, nachdem ich das Kino verlassen hatte, voll mit diesen Bildern, und ich erkannte, dass ich sorgfältig darauf achten musste, was ich mir ansah. Ein Mangel an Sinnesreizen hatte mich sehr sensibel gemacht. Nicht jeder reagiert so, aber ich wusste, dass ich vorsichtig sein musste.

Ich weiß noch, wie ich das erste Mal nach meinem Austritt aus dem Orden schwimmen ging: Es brauchte viel Mut, denn in meinem Badeanzug fühlte ich mich ganz «nackt», nachdem ich viele Jahre lang meinen Körper vom Hals bis zu den Händen und Füßen bedeckt hatte.

Nachdem ich mich vier Monate lang bei meinen Eltern erholt hatte, fing ich an, als Hilfe bei einer alten Dame unweit der Kirche zu wohnen. Ich war es gewohnt gewesen, die älteren Nonnen im Tempel zu pflegen, deshalb war mir die Arbeit vertraut und ich machte sie gerne.

Will verkündete in der Kirche, dass sie einen Missionsfonds gründen wollten, weil der Gemeindevorstand glaubte, Gott werde schon bald Missionare von der Christ Church aussenden. Ich war Feuer und Flamme, als ich das hörte, und wollte mit dabei sein. Insgeheim wollte ich als Missionarin von der Christ Church ausgesandt werden. Ich konnte nicht ahnen, dass ich die zweite Missionarin sein würde, die in ihrem Auftrag hinauszog.

Eines Nachts, etwa sechs Monate nachdem ich Christin geworden war, wachte ich um drei Uhr morgens auf und fuhr mit einem Ruck im Bett hoch. Mit einem Mal war mir schmerzlich bewusst, wie viel ich in meinem Leben falsch gemacht hatte – mit anderen Worten, welche Sünden ich begangen hatte.

Plötzlich dachte ich: «Ich trage all diese Sünden mit mir herum, die ich nie gebeichtet habe: sexuelle Sünde, Götzendienst, okkulte Praktiken, Sünden, die meine Familie betreffen.»

Ich hatte nicht bewusst über diese Dinge nachgedacht, aber jetzt war ich überzeugt, mich mit ihnen auseinandersetzen zu müssen. Ich wusste, dass ich mit Will reden musste. Als ich es tat, erklärte er mir, das sei der Heilige Geist, der in mir am Werk sei, um mich zu reinigen, weil unsere Sünde uns von Gott trennt. Er riet mir, zu beten, dass Gott mir helfen möge, mich an alles zu erinnern, was ich beichten musste, und diese Dinge dann in Kategorien aufzuschreiben. Eine oder zwei Wochen später verabredete ich mich mit Rosemary und Clare Marks, meine Liste in der Hand, und fing an zu beichten.

Selbst nach Jahren im buddhistischen Kloster, in denen ich jeden Verstoß gegen die Regeln, die wir befolgen mussten, gebeichtet hatte, war ich im Buddhismus niemals wirklich von meinen Sünden befreit und gereinigt worden. Ich hatte nicht einmal eine genaue Definition erhalten, was Sünde überhaupt ist. (Nur der Schöpfer des Universums kann Sünde wirklich definieren; der menschliche Geist allein reicht nicht aus, um sie richtig zu benennen.) Deshalb hatte die Erinnerung an meine Sünden mich eingeholt.

Sünden können durch Meditation in Schach gehalten und unterdrückt werden, aber sie werden nicht richtig bearbeitet. Weil Buddha nur ein Mensch war und schon lange tot ist, konnte meine Sünde und Zerbrochenheit nirgendwo hin. Es gibt einfach keinen Ort geistlicher Autorität oder Macht im Buddhismus, der eine ausreichende Bewältigung menschlicher Sünde ermöglicht. Doch inzwischen wusste ich, dass Jesus als vollkommener Gott und vollkommener Mensch drei Tage nach seinem Tod wieder auferstanden ist. Durch seine Auferstehung besiegte er die Macht von Sünde, Tod und Hölle, so dass die Sünde bei Jesus ein Ende findet, weil er sie überwunden hat. Es gibt keinen anderen Ort, wo Sünde endgültig aufgehoben ist, außer bei Jesus. Ich hatte die großartige Nachricht entdeckt, dass wegen dem, was Jesus am Kreuz getan hat, jetzt jeder Mensch eine enge Beziehung zu Gott haben kann.

Und so demutsvoll und schwierig es auch war, bekannte ich all die unterschiedlichen Sünden, die der Heilige Geist mir in Erinnerung gerufen hatte, und endlich wurde ich von ihnen reingewaschen. Danach kam ich mir wie neugeboren vor – ich fühlte mich innerlich geläutert, und eine neue Art zu leben tat sich vor mir auf. Dies war ein wunderbarer Anfang und eine Grundlage für mein Leben als Christin, und ich bin noch immer sehr dankbar dafür. Ich möchte alle frisch Bekehrten ermutigen, diesen Prozess durchzumachen und ihre Sünden gleich zu Anfang zu bekennen und zu bereuen. Es kann dazu beitragen, Gefühle der Wertlosigkeit oder die Angst, dass frühere Sünden zur Verdammnis führen könnten, zu verhindern. Die Praxis des Sündenbekenntnisses ist jetzt fester Bestandteil meines Christseins. Ich halte sie für einen wichtigen Teil meines Glaubensweges.

Will und Rosemary schlugen vor, ich sollte außerdem ganz bewusst dem Buddhismus explizit abschwören, zusammen mit all den Götzen und früheren okkulten Praktiken, die ich ausgeübt hatte. Sie rieten mir, Jesus zu bitten, dass er die Bande und Fesseln, die mich mit diesen Dingen verbunden hatten, für immer löste. Das tat ich gerne. Jesus hat die Macht, uns von dem Einfluss jedes Götzen oder jeder Sache, die Gott nicht gefällt, zu befreien. Sein Name ist höher als alle Namen. Will und Rosemary erklärten mir, was es mit den beiden Reichen auf sich hat, die in der Bibel beschrieben werden – dem Reich Gottes und dem Reich der Finsternis. Jesus macht das deutlich, wenn er sagt: «Wer nicht für mich ist, der ist gegen mich» (Matthäus 12,30).

Ich begriff, dass wir entweder für ihn oder gegen ihn sind und dass es keinen dritten, neutralen Ort gibt, wo die beiden Reiche friedlich nebeneinander bestehen. Als junge Christin half es mir, folgende Wahrheit zu erfahren: «Er hat uns aus der Gewalt der Finsternis befeit, und nun leben wir in der neuen Welt seines geliebten Sohnes Jesus Christus. Durch ihn sind wir erlöst, unsere Sünden sind vergeben» (Kolosser 1,13–14).

Ich hatte Gott seit meiner Kindheit abgelehnt und mich schon in jungen Jahren mit okkulten Praktiken beschäftigt. Jetzt erkannte ich, dass diese Dinge mir den Weg in den Buddhismus geebnet hatten. Es ist interessant, dass viele Buddhisten – solche aus dem Westen wie auch Asiaten – leicht in andere Formen von Götzendienst, Geisterverehrung, Animismus, Okkultismus, Wahrsagerei, Ahnenverehrung usw. hineingezogen werden, weil sie alle sich in dem gleichen Reich tummeln. Die eine Sache, mit der der Buddhismus *nicht* klarkommt, ist der christliche Glaube!

Die Unterschiede zwischen diesen beiden Reichen zu verstehen, half mir auch, den geistlichen Kampf einzuordnen, den ich vor meinem Austritt aus dem Kloster durchgemacht hatte. Es war ein echter Krieg um meine Gedanken gewesen, der es mir so schwer gemacht hatte, den Buddhismus zu verlassen. Als Buddhistin hatte ich geglaubt, auf dem Weg der Wahrheit zu sein, aber das war ich nicht. Ich hatte ein «gutes» Leben geführt, aber ohne dass ich es merkte, war ich in Götzendienst und Irrglauben gefangen gewesen. Als Person, die das buddhistische Gewand trug, wirkte ich «heilig» und «gut», aber geistlich gesehen war ich tief in der Finsternis stecken geblieben.

Als Gottes Heiliger Geist mich berührte, erwachte ich auf neue Weise zum Leben, und dann begann der Kampf. Ich hatte

Gott kennengelernt und mein Geist war lebendig, aber die buddhistischen Fesseln, die meine Gedanken festhielten, versuchten mich von Gott fernzuhalten. Deshalb war ich so verwirrt gewesen und hatte mich hin- und hergerissen gefühlt, als ich buddhistische Nonne gewesen war. Der Feind Gottes verzerrt die Wahrheit und tut alles, um sich zu verstellen und als Wahrheit zu verkleiden, damit er viele in die Irre führt – ein Meister der Verstellung, dessen wahres Wesen nichts als eine zerstörerische Illusion ist, wenn es entlarvt wird.

Während Rosemary Whitehouse betete, bat sie Gott, mir zu vergeben, und befahl den Mächten der Finsternis im Namen Jesu und durch die Macht seines vergossenen Blutes, mich zu verlassen. Rosemary sah im Geiste ein klares Bild vor sich, wie mehrere schwarze Dämonen wie erbärmliche, zerrissene Fledermäuse eine Weile am Kamin im Wohnzimmer kauerten, wo wir beteten, und dann verschwanden. Sie musste an die Verse in Jesaja 14,12.16–17 denken:

«Wie bist du vom Himmel gefallen, du hell leuchtender Morgenstern! Zu Boden wurdest du geschmettert, du Welteroberer! … Wer dich sieht, traut seinen Augen nicht. Er starrt dich an und denkt: ‹Ist das der Mann, vor dem die ganze Welt zitterte, der Mann, der viele Königreiche in Angst und Schrecken versetzte? … Wen er gefangen nahm, der kam nie zurück.›»

Rosemary war der Meinung, dass die Dämonen wegen meiner laut ausgesprochenen Beichte und Buße vor Gott loslassen und ohne Widerstand gehen mussten (siehe Seite 164–165, wo sich nützliche Gebete für diesen Zweck finden).

Am Ende all dieser Sitzungen kam Will herein und betete dafür, dass wir alle in der Gebetsgruppe die Sünden, die ich bekannt hatte, vergessen würden, was eine große Erleichterung für mich war!

Die Beichte war nicht einfach. Ich dachte: «Wie kann ich diesen guten Christinnen sagen, was ich in meiner Vergangenheit getan habe? Ich schäme mich so!»

Aber es ist wunderbar, dass Jesus wirklich gestorben ist, um unsere Sünden abzuwaschen und die Macht der Schande zu brechen. Nachdem ich Gott meine Sünden bekannt hatte, mit diesen Frauen als Zeuginnen, hatten meine Sünden keine Macht mehr über mich und konnten mich auch nicht mehr anklagen. Ich hatte mich vorher nie ganz vom Buddhismus befreit gefühlt, aber jetzt endlich fühlte ich mich in meiner Seele und meinem Geist wie ein neugeborenes Baby.

Die Weisheit von Will und Rosemary war mir eine unschätzbare Hilfe. Ich erkenne, wie wichtig und nötig es ist, reife Mentoren und Leiter in der weltweiten Kirche zu haben – Menschen, die bereit sind, Orientierung zu geben und uns herauszufordern und zu lehren. Ohne diese Hilfe bleiben wir schwach und unreif. Ich danke Gott dafür, dass ich von Anfang an großartige Lehrer hatte, die immer bereit waren, mich zu ermutigen, zu ermahnen und zu unterstützen.

Ich wusste, dass ich drei Jahre Zeit hatte, um mich vorzubereiten, aber was dann? Worauf bereitete ich mich vor? Das sollte bald deutlich werden.

12. Neue Türen öffnen sich

«Schaut euch selbst an, liebe Brüder und Schwestern! Sind unter euch, die Gott berufen hat, wirklich viele, die man als gebildet und einflussreich bezeichnen könnte oder die aus einer vornehmen Familie stammen? Nein, denn Gott hat sich die aus menschlicher Sicht Törichten ausgesucht, um so die Klugen zu beschämen. Gott nahm sich der Schwachen dieser Welt an, um die Starken zu demütigen. … Auch ihr verdankt alles, was ihr seid, der Gemeinschaft mit Jesus Christus. Er ist Gottes Weisheit für uns. Durch ihn haben wir Anerkennung vor Gott gefunden, durch ihn können wir ein Leben führen, wie es Gott gefällt, und durch ihn sind wir auch befreit von unserer Schuld. So trifft nun zu, was die Heilige Schrift sagt: ‹Wenn jemand stolz sein will, soll er auf das stolz sein, was Gott für ihn getan hat!›»

1. Korinther 1,26–27.30–31

Ich erinnere mich noch daran, dass Will und Rosemary Whitehouse mich an einem der ersten Sonntage nach meinem Austritt aus dem Kloster zum Mittagessen einluden. Es war eine schöne Gelegenheit, meinen Pastor und seine Frau besser kennenzulernen. Meine Geschichte, wie ich mich zu Christus bekehrt hatte, faszinierte sie.

Nachdem ich ihnen vieles erzählt hatte, sagten Will und Rosemary sofort: «Wir kennen Jackie Pullinger – sie war vor ein paar Jahren hier in unserer Kirche.» Rosemary hatte sie in London durch eine gemeinsame Freundin kennengelernt, mit der sie zur Schule gegangen war.

Ich staunte. Ich hatte Gott oft dafür gedankt, wie er Jackie in meinem Leben gebraucht hatte, aber ich war nicht sicher, ob ich sie jemals kennenlernen würde.

Nachdem sie sich meine Geschichte angehört hatten, sagte Will sehr bestimmt zu mir: «Du musst Jackie schreiben und ihr erzählen, was geschehen ist. Es wird sie und die anderen Geschwister in Hongkong sehr ermutigen.» Er gab mir gleich ihre Adresse. (Mit «Geschwister» meinte er die Gemeinschaft aus Mitarbeitern und denjenigen, denen Jackie und sie halfen.) Ich wusste, dass mir nichts anderes übrig blieb, und es war aufregend, ihr schreiben zu können. Zu diesem Zeitpunkt war es gerade einmal fünf Wochen her, dass ich mein Nonnengewand abgelegt hatte.

Es dauerte nicht lange, bis ich eine Antwort erhielt. Jackie dankte mir dafür, dass ich ihr geschrieben hatte, und sagte, mein Brief habe sie sehr berührt – so sehr, dass sie Teile davon ihren Leuten vorgelesen habe. Sie sollten wissen, dass Gott durch ihre Treue und ihr Zeugnis zu mir gesprochen und seine heilende Kraft ausgesandt hatte, noch als ich in einem buddhistischen Tempel war. Jackie freute sich auch darüber, dass Will und Rosemary mich unter ihre Fittiche genommen hatten und ich in so guten Händen war. Sie sagte auch, sie würde mich gerne persönlich kennenlernen, wenn es möglich wäre. Ich war begeistert!

Es kam dann so: Jackie erzählte mir einige Monate später, sie werde am Sonntag, den 23. Februar 1992, die Westminster Chapel in London besuchen, die Kirche des bekannten amerikanischen Pastors R. T. Kendall. Ob ich dorthin kommen könne? Ich organisierte die Fahrt nach London mit einer lieben Freundin namens Hannah. Hannah hatte in Hongkong gelebt und kannte Jackie, so dass sie eine ideale Begleiterin für mich war.

Als wir bei der Kirche ankamen, war sie mit mehreren hundert Menschen gefüllt. Jackie war mit vier chinesischen Brüdern gekommen, von denen einer seine Frau mitgebracht hatte. Sie alle hatten Jackie von Hongkong aus begleitet. Sie erzählte uns, dass die Brüder zusammengerechnet mehr als siebzig Jahre lang heroinabhängig und vierzigmal im Gefängnis gewesen waren (fast alle hatten einer chinesischen Bande angehört). Ich starrte diese Menschen an. Es war erstaunlich. Sie alle hatten die «Fülle des Lebens», die mich in dem Video so berührt hatte. Mein Herz war voller Dankbarkeit, während ich dachte: «Diese Menschen haben mir Jesus gezeigt!»

Jackie sprach mitreißend von Gottes Liebe zu den Armen und darüber, wie Gott die Niedrigen und Verachteten dieser Welt erwählt, weil sie sich mit nichts außer mit Jesus brüsten können. Wenn sie Jesus als ihren Herrn annehmen, ist er alles, was man in ihnen sieht. Gott hat die Armen erwählt, damit sie reich im Glauben seien.

Man hätte eine Stecknadel fallen hören können; es war, als würden ihre Worte aus der Autorität Gottes gespeist, der unsere Aufmerksamkeit forderte. Ich sog sie in mich auf. In gewisser Hinsicht kam ich mir vor wie einer dieser Armen, die nichts haben außer Jesus.

Am Ende der Veranstaltung gab es eine längere Gebetszeit, bei der die Zuhörer auch aufgefordert wurden, Jesus als ihren Herrn und Heiland anzunehmen.

Dann sagte Jackie: «Ich spüre, dass es Menschen hier gibt, die sich nicht sicher sind, ob sie das ewige Leben haben. Sie können sich darauf verlassen.»

Ich hatte das im Johannes-Evangelium gelesen: «Denn Gott hat die Menschen so sehr geliebt, dass er seinen einzigen Sohn für sie hergab. Jeder, der an ihn glaubt, wird nicht zugrunde gehen, sondern das ewige Leben haben» (Johannes 3,16).

Ich war verwirrt. Ich war sicher, dass ich an Jesus glaubte. Aber wusste ich, dass ich die Ewigkeit bei Gott verbringen würde, nachdem das Leben auf der Erde zu Ende war? Mir wurde klar, dass ich mir dessen nicht sicher war, also ging ich zu einem Gebet nach vorne, obwohl es mir ein bisschen unangenehm war. Ich wollte keinen Schritt auslassen, der mich zu einem tieferen Verständnis führte, und eine freundliche Dame betete für mich.

Allmählich wurde mir klar: Christsein bedeutet, dass ich eine Beziehung zu Gott habe und *für immer* mit ihm zusammen sein werde. Genau genommen ist das der eigentliche Grund, warum ich – und jeder andere Mensch – erschaffen wurde: damit ich durch Jesus eine vertraute, rechtschaffene Beziehung zu unserem allmächtigen Schöpfer und Vater habe, die weitergeht, wenn dieses Leben vorüber ist.

Wir werden auf ewig in seiner herrlichen, heiligen Gegenwart sein. Das Leben mit ihm, nachdem wir diese Welt verlassen haben, wird unendlich viel besser sein als unser Leben auf der Erde. «Er wird alle ihre Tränen trocknen, und der Tod wird keine Macht mehr haben. Leid, Klage und Schmerzen wird es nie wieder geben; denn was einmal war, ist für immer vorbei» (Offenbarung 21,4).

Was für eine unglaubliche Hoffnung das ist, die mir und all denen, die Jesus annehmen, verheißen ist! Ohne Gott ist das Leben wahrlich bedeutungslos und leer. Es hat keinen echten Sinn ohne ihn, und es scheint, dass viele Menschen an diesem Punkt stehen bleiben und sogar davon fasziniert sind, so wie ich es lange Zeit gewesen war.

Buddha fand diese Leere und machte sie zu seinem Ziel, aber das ist *nicht* alles. Ich hatte erfahren, dass Gott selbst der Ursprung und die Erfüllung alles Seins, Werdens und aller Be-

deutung ist. Gott hat jeden Menschen als sein Ebenbild geschaffen, und deshalb sind wir alle von unschätzbarem Wert.
Er erschuf, erschafft und erhält das Leben. Ich und alle Dinge,
die er erschaffen hat, sind Wirklichkeit. Die Behauptung, «niemand» sei hier und alle Dinge seien leer, wie Buddha es lehrte,
ist einfach nicht wahr.

Und Gott hat einen vollkommenen Sinn und Zweck für seine
Schöpfung. Denn nur in ihm «leben und handeln wir, ja, ihm
verdanken wir alles, was wir sind» (Apostelgeschichte 17,28):
Außerhalb von ihm leben wir nicht.

Als Gott mir in seiner Gnade die Fähigkeit gab, das zu erkennen, konnte ich einen Schritt weitergehen und sehen, was hinter meinem Ziel der Leere war. Ich konnte den wahren Sinn des
Lebens feiern und akzeptieren und musste Gott nicht mehr
verleugnen oder mein Leben seines Sinns und seines Ur-
sprungs berauben.

Nach der Veranstaltung hatten Hannah und ich die Gelegenheit, Jackie zu treffen. Es war, als hätte Gott uns auf geheimnisvolle Weise zusammengebracht, und als wir einander schließlich kennenlernten, war es, als sähe ich eine alte Freundin,
obwohl ich ihr zum ersten Mal gegenüberstand.

Von Anfang an war es mir eine Freude, mit den Geschwistern
aus Hongkong zusammen zu sein. Einige von ihnen baten Gott
für mich um die Gabe, Gott im Gebet speziell nahe zu sein. Wie
durch ein Wunder erhielt ich sie, während sie beteten. Diese
erste Begegnung mit all diesen Menschen war ein großer Segen
für mich.

Als ich wieder zu Hause war, erfuhr ich, dass Jackie meinem
Pastor vorgeschlagen hatte, ich solle eine Taufe durch Unter-
tauchen empfangen. Will stimmte zu, und die Taufe fand an
einem Sonntagabend vor der Gemeinde statt, und zwar in einem kleinen, in den Boden eingelassenen Taufbecken in der
Kirche. Meine Eltern kamen auch.

Neben mir gab es noch einen weiteren Täufling an jenem Abend: einen Mann, der früher ein Zeuge Jehovas gewesen war. Es war ein gutes Gefühl, ihn an meiner Seite zu haben, sozusagen als passenden Gefährten. Die Taufliturgie enthielt einen Teil mit Fragen und Antworten zwischen dem Geistlichen und den Täuflingen. Ich empfand sie als sehr hilfreiche Bestätigung meines neu gefundenen Glaubens.

Wendest du dich Christus zu?
Ich wende mich Christus zu.
Bereust du deine Sünden?
Ich bereue meine Sünden.
Entsagst du dem Bösen?
Ich entsage dem Bösen.

Glaubst und vertraust du Gott, dem Vater,
der die Welt erschaffen hat?
Ich glaube und vertraue ihm.
Glaubst und vertraust du seinem Sohn Jesus Christus,
der die Menschheit erlöst hat?
Ich glaube und vertraue ihm.
Glaubst und vertraust du seinem Heiligen Geist,
der den Kindern Gottes das Leben schenkt?
Ich glaube und vertraue ihm.

Das Symbol der Taufe war für mich sehr stark: Ganz ins Wasser eingetaucht zu werden bedeutete, dass das Alte starb. Das Auftauchen aus dem Wasser bedeutete, dass ich zu einem neuen Leben mit Christus auferweckt wurde. Es war eine Freude, anschließend von der ganzen Gemeindefamilie willkommen geheißen zu werden.

Im Buddhismus gibt es nichts, was sich damit vergleichen lässt. Dies war wahrhaftig eine Antwort auf das starke Verlangen nach der Taufe, der Gemeinschaft mit anderen Christen und nach dem Gebet, das ich im Tempel verspürt hatte. All diese Dinge erfüllten sich jetzt.

Im Sommer 1992 bekam ich unerwartet eine Einladung von Jackie zu ihrer Hochzeit noch im gleichen Jahr. Sie würde John To heiraten, der vierzehn Jahre lang heroinabhängig gewesen war und dem Gott durch Jackies Arbeit wunderbar geholfen hatte. Ich konnte kaum fassen, dass sie mich eingeladen hatte, und ich wollte unbedingt hinfahren. Nachdem ich gebetet hatte, schrieb ich Jackie, ich würde gerne kommen, und fragte sie, ob ich nach der Hochzeit noch drei Wochen bleiben könne, damit ich in einem sogenannten «Neulingshaus» helfen konnte (wo chinesische Männer den Ausstieg von den Drogen schaffen sollten), weil ich unbedingt selbst an der Arbeit dort beteiligt sein wollte. Sie gab mir ihr Einverständnis.

Es war keine Kleinigkeit, eine Reise nach Hongkong zu planen, aber alles fügte sich wunderbar, und bevor ich mich versah, begrüßte einer von Jackies Helfern mich am Flughafen. Ich konnte kaum glauben, dass ich in Hongkong war! Die Hitze traf mich wie ein Schlag, als ich dort ankam, und erinnerte mich an meine Zeit in Bangkok.

Kurz nach meiner Ankunft wurde mir erklärt, man habe einen Plan für meinen einmonatigen Aufenthalt erstellt und ich würde nach der Hochzeit tatsächlich in einem Heim für Neulinge helfen. Das waren gute Neuigkeiten.

In der ersten Woche wohnte ich im Hang-Fook-Camp. Das war eine große Anlage mitten in einer Wohngegend in Kowloon, die überwiegend aus einstöckigen «Hütten» bestand, die das Ministerium für Wohnungswesen Jackie Pullinger überlassen hatte. Alle möglichen Leute wohnten hier, darunter auch die Helfer und ehemalige Süchtige, die von den Drogen losgekommen waren. Das Lager war gefüllt mit zusätzlichen Personen, die zur Hochzeit gekommen waren, darunter einige aus anderen Ländern, so wie ich. Sie waren alle sehr freundlich und froh, dabei zu sein. Es war eine fröhliche Atmosphäre, und alle waren mit Vorbereitungen beschäftigt.

Es war die unglaublichste Hochzeit, an der ich jemals teilgenommen habe. Unzählige Menschen waren dabei. Jackie hatte ihre Freunde eingeladen, von den Obdachlosen und Armen von Hongkong bis zu den reicheren Leuten aus anderen Ländern. Für die Armen hatte sie neue Kleidung, Duschen und einen Haarschnitt organisiert, wenn es nötig war, und die besten Plätze waren für sie reserviert. Diejenigen, die von weit her angereist waren, mussten sich selbst einen Platz suchen. Außerdem durften die Armen sich als Erste beim anschließenden Büfett bedienen. Es war richtig biblisch!

Die Erfahrung, dort zu sein, war für mich sehr bewegend. Ich konnte Gottes Gegenwart ganz deutlich spüren: Hier waren ehemalige Drogenabhängige, Kriminelle, Obdachlose, viele Chinesen und Leute aus aller Welt, eine bunte Mischung von Menschen, denen Jesus neues Leben und neue Hoffnung geschenkt hatte, und sie alle feierten zusammen Gottesdienst. Selbst die Verlorensten und Hoffnungslosesten von ihnen waren erlöst, ich selbst eingeschlossen. Gott zeigte mir, was er bewerkstelligen kann. Mein Herz wurde von Liebe zu ihm und zu den Menschen um mich herum erfüllt, und manchmal war ich so ergriffen, dass ich nur noch weinen konnte.

Nach der Hochzeit konnte ich drei Wochen lang in einem Haus für Neulinge arbeiten. In diesem Haus verbrachten männliche chinesische Drogenabhängige die erste Zeit, um durch das Gebet von den Drogen loszukommen. Es war ein schöner Ort, ein Haus am Meer im Süden von Hongkong Island. Die chinesische Regierung hatte Jackie erlaubt, das Haus zu benutzen. Es gab dort einen sehr freundlichen deutschen Hausleiter, ungefähr vierzehn chinesische Brüder und fünf Helfer.

Die Atmosphäre im Haus war fantastisch, und wir spürten Gottes Liebe und Gegenwart jeden Tag. Die Brüder waren lieb und fürsorglich, wirklich nette Jungs, und ich konnte mir nur schwer vorstellen, dass sie heroinabhängig gewesen waren (einige von ihnen mehr als fünfzehn Jahre lang) und viele von ihnen kriminell geworden waren. Die meisten von ihnen hatten gerade erst den Entzug hinter sich und befanden sich jetzt im Prozess der Entwöhnung von den Drogen.

Wir lebten wie eine Familie zusammen, sorgten füreinander, aßen gemeinsam, putzten und reparierten das Haus, beteten zweimal am Tag zusammen (es war sehr bewegend zu sehen, wie diese Männer aus voller Seele Gott lobten) und unternahmen Freizeit-Aktivitäten wie Fußballspielen, Angeln, Schwimmen oder Kanufahren. Die männlichen Mitarbeiter wohnten in Schlafsälen zusammen mit den Männern, die von ihrer Abhängigkeit loskommen wollten, und die Frauen hatten ihren eigenen kleinen Schlafsaal mit Dusche und Toilette. Ich schlief in einem Etagenbett, wie die meisten anderen auch.

Eine unserer Hauptaufgaben als Mitarbeiter war es, einen Bruder (einen Drogenabhängigen) ununterbrochen zu begleiten, sobald er im Haus eintraf. Die Neuankömmlinge trugen in den ersten Tagen Pyjamas (damit man sie gut erkennen konnte, falls sie versuchten fortzulaufen), während der Entzug stattfand.

Wir wechselten uns im Vier-Stunden-Rhythmus beim sogenannten «Neulingsdienst» ab. Wir sollten beten oder die Bibel lesen und immer in ihrer Nähe bleiben, ohne irgendwelche Medikamente oder Methadon zu verabreichen. Nur Gebet. Aber im Laufe dieser ersten Tage schafften alle wie durch ein Wunder den Entzug von den verschiedenen Drogen und/oder vom Alkohol, von denen sie abhängig gewesen waren, und es geschah durch Jesu Eingreifen und in den meisten Fällen ohne körperliche Schmerzen. Wenn sie irgendwelche Anzeichen von

Schmerzen oder Unwohlsein zeigten, beteten wir für sie, und dann beruhigten sie sich und die Schmerzen verschwanden. Es war wirklich erstaunlich. Ich sah mit eigenen Augen, wie diese Männer von Gott verändert wurden.

Ich liebte diesen Neulingsdienst. Die Brüder waren sehr offen für Gebete, und ich fühlte mich durch Gottes Liebe ganz und gar beschützt. Einmal betete ich frühmorgens, so gegen vier Uhr, für einen Bruder, der sehr krank aussah. Während ich für ihn betete, bedankte er sich bei mir. Ich verspürte eine tiefe Demut. Was für ein Privileg es war, in einer so verletzlichen Zeit in seinem Leben bei ihm zu sein und Gottes Liebe zu ihm mit anzusehen. Jesus hatte vollkommen recht, als er sagte: «Der Dieb kommt, um zu stehlen, zu schlachten und zu vernichten. Ich aber bringe Leben – und dies im Überfluss» (Johannes 10,10). Hier wurde dieser Bibelvers vor meinen Augen Wirklichkeit.

Während meines Aufenthalts wurde mir bewusst, dass es manchmal einfach ist, Gottes Wunder nicht zu bemerken, weil sie so «natürlich» erscheinen. Es schien mir so natürlich, dass diese Männer ohne Schmerzen den Entzug vom Heroin schafften, während wir immer wieder beteten – so dass ich irgendwann dafür betete, dass ich die Wunder «sehen» möge, damit ich Gott stets für sie danken konnte und sie nicht einfach als selbstverständlich hinnahm.

Ich merkte auch, dass ich Jesus buchstäblich «leben» und «atmen» musste, um an diesem Ort zu überleben. Aus meiner eigenen Kraft konnte ich nicht viel geben. Was konnte ich schon tun, um diesen Drogenabhängigen zu helfen? Ich hätte schreckliche Angst gehabt! Aber dadurch, dass wir beteten und den Namen Jesu anriefen, gab er uns alles, was wir brauchten, jeden Tag neu.

Bevor ich Hongkong verließ, betete Jackie für mich und dankte Gott dafür, dass er «meinen Verstand umgangen und meinen Geist angerührt» hatte. Ihre Worte halfen mir zu verstehen, was mit mir geschehen war. Die buddhistische Meditation bedient sich des Verstandes als Hauptmethode, um die «Wahrheit» zu verstehen und dem Leid zu entfliehen.

Die große Macht, die sie über mich gehabt hatte, war überwiegend eine Macht über meine Gedanken, die mich für die Wahrheit blind gemacht hatten. «Die Botschaft, dass Jesus Christus unsere Rettung ist, bleibt nur für die dunkel, die verloren sind. Diese Ungläubigen hat der Satan, der Herrscher dieser Welt, so verblendet, dass sie das helle Licht dieser Botschaft und die Herrlichkeit Christi nicht sehen können» (2. Korinther 4,3–4). Aber Gott hatte meinen Geist durch seinen Heiligen Geist angerührt, er hatte ihn geweckt, und sein Leben war in mir geboren.

Das bedeutet Christsein: dass wir in unserem Geist lebendig sind. Deshalb konnte ich plötzlich erkennen, dass Gott und sein Wort Wirklichkeit sind, und konnte seine Existenz nicht länger leugnen, nachdem ich das alles vorher für Unsinn gehalten hatte. Der Heilige Geist selbst bezeugte meinem Geist, dass ich Gottes Kind war (siehe Römer 8,16), und dann fing Gott auf wundersame Weise an, meine Gedanken zu erneuern («Regiert uns aber Gottes Geist, dann schenkt er uns Frieden und Leben», Römer 8,6). Jetzt wohnte er in mir, um mich zu verwandeln.

Buddhisten sind in ihrem Geist noch tot, weil sie noch nicht von Gottes Geist erweckt wurden. Durch Meditation versuchen sie erfolglos, sich von der Welt zu lösen, deren ursprünglicher und wesentlicher Teil sie sind.

Die Reise nach Hongkong war für mich ein wunderbares Erlebnis. Sehr stark motiviert kehrte ich nach England zurück und begab mich wieder unter die Leitung von Will und Rosemary. Ich hatte das Gefühl, auf etwas Bestimmtes vorbereitet zu werden – aber ich war nicht sicher, was es war.

Ich blieb durch Briefe in Kontakt mit Jackie, und sie machte mir Mut. Einige Leute sagten, irgendwann werde ich sicher nach Hongkong zurückgehen und richtig dort arbeiten. Obwohl ich meine Zeit dort sehr genossen hatte, nachdem ich ja so lange spirituellen Irrlehren aufgesessen war, hatte ich nicht vor, irgendwohin zu gehen, solange ich nicht absolut sicher war, dass es Gottes Wille für mein Leben war.

Schließlich waren die drei Jahre des Wartens beinahe vorüber, und ich begann eine Veränderung zu spüren: Gott bereitete mich auf meine Aussendung vor. Ich hatte zu ihm gesagt, ich würde gehen, wohin er mich schickte, aber ich wusste noch immer nicht, wo dieser Ort war.

Ich erzählte Jackie davon, und sie schrieb zurück und schlug vor, ich solle darüber beten und nachdenken, ob ich nicht zu ihr nach Hongkong kommen sollte. Ich war begeistert. Doch trotz der Einladung und meiner Freude brauchte ich mehr Beweise, dass dies Gottes Wille für mich war. Also bat ich einige gute Freunde, darunter auch Will und Rosemary, diesbezüglich für mich zu beten. Gottes Stimme kann zwischen all den «Geräuschen» von Gedanken und Erwartungen anderer Menschen leicht untergehen, deshalb musste ich vorsichtig sein.

Alle bestätigten mir ihre Überzeugung, dass dies Gottes Weg für mich sei, und in meinem Herzen spürte ich es auch. Gottes Zeitplan war perfekt gewesen. Von Anfang an hatte ich es eilig gehabt, aber er wusste, wann für mich die beste Zeit war, um zu gehen. Am Ende schien es, als wäre die Entscheidung nur wenige Sekunden nach dem Zeitpunkt gefallen, an dem ich wirklich bereit war.

Manchmal wurde mir mulmig, wenn ich an das dachte, was auf mich zukam. Würde ich es schaffen? Wie würde es sein, so weit von meiner Heimat entfernt zu leben? War ich schon so weit? Ich erzählte einigen Freunden von meinen Befürchtungen, und sie beteten für mich, was mir viel Kraft gab.

Jemand ermutigte mich mit einem Bibelvers: «Ja, ich sage es noch einmal: Sei mutig und entschlossen! Lass dich nicht einschüchtern, und hab keine Angst! Denn ich, der Herr, dein Gott, bin bei dir, wohin du auch gehst» (Josua 1,9).

Da wusste ich in meinem Herzen, dass er mir befahl, stark zu sein, und dass es keinen Platz für Schwäche oder Ausreden gab. Ich musste den Blick auf Jesus richten und auf nichts sonst, und dann musste ich seinen Weg für mich gehen. Frohen Herzens schrieb ich an Jackie, ich sei bereit, zu kommen und mindestens zwei Jahre lang bei der St.-Stephen's-Gesellschaft mitzuarbeiten.

Bevor ich nach Hongkong fuhr, ging ich mit zwei älteren befreundeten Christen zu meinem früheren Tempel zurück. Ich traf die Nonne, mit der zusammen ich damals geweiht worden war und die sich solche Sorgen um mich gemacht hatte.

Es war schön, sie zu sehen, und sobald sie mich erblickte, sagte sie: «Jetzt weiß ich, dass du die richtige Entscheidung getroffen hast.» (Einige Jahre später verließ auch sie den Tempel, aber nicht, weil sie Christin geworden war, sondern aus Enttäuschung. Viele der Mönche und Nonnen, mit denen ich zusammengelebt hatte, sind inzwischen ausgetreten, aus den unterschiedlichsten Gründen.)

Ich konnte nicht fassen, dass ich in Zukunft als hauptamtliche Helferin in Jackies Arbeit beschäftigt sein würde. Nachdem ich mein Leben so lange Buddha gewidmet hatte, konnte ich jetzt endlich gehen und Gott mit meinem ganzen Leben dienen. Ich spürte, dass es die richtige Entscheidung war und die Erfüllung eines sehnlichen Wunsches, und ich kann sagen, dass ich von dem Augenblick an, als ich mein Nonnengewand ablegte, es niemals bereut habe. Mein Blick ging nie zurück, sondern immer nach vorn, zu neuen Abenteuern und neuem Werden in Gott.

13. Aufbruch nach Hongkong

«Die Verkündigung Jesu wirkt aus sich selbst heraus … selbst wenn die Adressaten gar nicht zuzuhören scheinen, werden sie nie mehr so sein wie vorher. Wenn ich meine eigenen Worte weitersage, haben sie keine größere Bedeutung als das, was andere Menschen zu mir sagen. Aber wenn wir einander Gottes Wahrheit verkünden, werden wir sie immer wieder erfahren. Wir müssen uns auf den Kern geistlicher Macht konzentrieren – das Kreuz. Wenn wir mit diesem Machtzentrum in Kontakt bleiben, zeigt sich seine Kraft in unserem Leben.»[7]

Oswald Chambers

Kurz bevor ich nach Hongkong aufbrach, hörte ich unerwartet von zwei buddhistischen Mönchen aus meinem ehemaligen Tempel, von denen ich einen recht gut kannte. Sie waren zufällig in der Gegend und fragten, ob sie mich besuchen könnten. Ich sagte sofort Ja und lud sie für den nächsten Morgen zum Frühstück zu mir nach Hause ein. Dann rief ich schnell meine beiden christlichen Freundinnen an, die wie zwei unschuldige ältere Damen aussahen, aber Kraftwerke der Fürbitte waren, und bat sie, dazuzukommen. Da sie zusammen mit mir den Tempel besucht hatten, sagten sie gerne zu.

Die Mönche kamen morgens in ihren safrangelben Gewändern, und wir servierten ihnen ein großartiges Frühstück mit dem besten Kaffee, mit Obst, Kuchen und Leckereien, und ich wusste, wie gut es ihnen schmeckte. Die Folge davon war, dass die Mönche sehr entspannt waren. Sie sprachen viel über das Kloster, und ich wurde allmählich unruhig. Mir war klar, dass ich ihnen von Jesus erzählen musste, damit sie anfingen zu begreifen, dass sie ihn ebenfalls brauchten.

Schließlich ergab sich eine Gelegenheit im Gespräch, und es gelang mir, ihnen zu sagen, wer Jesus ist, warum er auf die Erde gekommen, am Kreuz gestorben und wieder auferstanden ist, so dass wir die Ewigkeit mit ihm verbringen können.

Nachdem ich geendet hatte, wurde einer von ihnen (der übrigens vor seiner Weihe zum buddhistischen Mönch ein Zeuge Jehovas gewesen war) plötzlich sehr wütend. Ich wechselte schnell das Thema und sprach über etwas anderes, und er beruhigte sich wieder. Wir konnten sehen, dass er schlimme Blasen hatte, weil er sehr weit gelaufen war. Meine beiden Freundinnen kamen mit einer Schüssel Wasser und fragten ihn, ob sie ihm die Füße waschen dürften. Sie wussten nicht, dass es für einen Mönch eine Beleidigung ist, von einer Frau berührt zu werden, aber sie waren ja alte Damen und sie waren nicht allein, also willigte er ein. Sie wuschen vorsichtig seine Füße und versorgten seine Blasen mit Pflastern. Als sie fertig waren, fragten wir, ob wir für die beiden beten dürften. Sie erlaubten es, also sprachen meine Freundinnen ein einfaches Gebet für die Mönche, und dann gingen sie.

Sechs Monate später rief mich der Mönch an, der während unseres Gesprächs so feindselig geworden war. Er sagte: «Esther, ich habe Jesus kennengelernt. Was muss ich tun?»

Ich traute meinen Ohren kaum. Gott hatte ihn angerührt, hatte sich ihm offenbart, und dadurch hatte er viel mehr verstanden als das bisschen, was wir ihm gesagt hatten.

Zu diesem Zeitpunkt war ich noch nie einem anderen buddhistischen Ordensmitglied begegnet, das Christ geworden war, so dass ich mich mit meiner Erfahrung irgendwie recht allein gefühlt hatte. Mit diesem Mönch zu sprechen, tat mir unglaublich gut. Auch er war sehr verwirrt gewesen und hatte manchmal gar nicht gewusst, was mit ihm geschah. Es überraschte ihn – wie es auch mich überrascht hatte –, dass Buddhas Lehre, die ihm so lange wesentlich und bedeutsam erschienen war, geradezu wie ein «fester Berg», im Vergleich zu der persönlichen Begegnung mit Jesus Christus plötzlich zu einem Haufen sinnloser Regeln zusammengefallen war. Er fragte mich, was damit passiert sei. Ich erklärte ihm, dass das trügerische und irreführende Wesen dieser Lehre offenbar geworden sei und er jetzt sehen könne, was sie wirklich war. Diese Illusion der Wahrheit richtet sich gegen Gott, indem das Nichtssein und Nichtswerden zum Ziel werden, was letztendlich keinen Sinn ergibt.

Es dauerte nicht lange, bis auch er aus dem Orden austrat und getauft wurde. Leider konnte ich nicht dabei sein, weil ich in Hongkong war. Endlich hatte dieser Mann gefunden, wonach er so ernsthaft gesucht hatte – die Wahrheit –, und wir alle freuten uns mit ihm und dankten Gott. Für mich war es eine großartige Ermutigung und Hilfe.

Schließlich, Ende August 1994, brach ich definitiv nach Hongkong auf, ausgesandt als Teil des Missionsteams der Christ Church. Damit wurde ein Traum für mich wahr. Will, Rosemary und einige gute Freunde beteten während des letzten Sonntagsgottesdienstes vor meiner Abreise für mich. Es war ein wundervolles Gefühl, mit dem Segen der ganzen Gemeinde abzureisen. Ich wusste, dass es ein großer Schritt war: Diesmal würde ich nach Hongkong fliegen, um dort zu leben, nicht nur für einen Besuch.

Jemand gab mir eine Karte mit einem Bibelvers, der mir Mut machte. Er steht in Jesaja 55,12:

«Denn ihr sollt in Freuden ausziehen und im Frieden geleitet werden. Berge und Hügel sollen vor euch her frohlo-
cken mit Jauchzen und alle Bäume auf dem Felde in die
Hände klatschen.» (Lutherbibel)

Bei meiner Ankunft auf dem Flughafen in Hongkong holte eine
von Jackies Mitarbeiterinnen mich ab. Es tat gut, von jemandem in Empfang genommen zu werden. Sie fuhr mit mir zum
Hang-Fook-Camp, einem vertrauten Ort, und dort blieb ich
während der ersten beiden Wochen. Einige andere Helfer aus
verschiedenen Teilen der Erde kamen ebenfalls an, und wir
sollten eine kurze Schulung erhalten, bevor wir in unsere jeweiligen Häuser umzogen. Eine der Freiwilligen kam aus England und war ungefähr in meinem Alter, und sie wurde eine
gute Freundin, was mir sehr half. Bei der Schulung betete Jackie für uns und machte uns Mut, und es war schön, sie wie-
derzusehen.

Ich war überglücklich, als ich erfuhr, dass ich in dasselbe
Neulingshaus gehen würde, in dem ich schon einmal gewesen
war. Ich hatte viele frohe und bewegende Erinnerungen an
meine drei Wochen dort. Nachdem ich dort eingezogen war,
begann eine Zeit der Eingewöhnung – eine neue Kultur (China
und St. Stephen's), das Klima, das Essen (viele köstliche chinesische Gerichte, aber auch gelegentliche Herausforderungen,
zum Beispiel Hühnerfüße!) und die Sprache. Ich konnte kein
Chinesisch und verstand oft nicht so richtig, was vor sich ging.
Außerdem hatte ich manchmal Heimweh. Vielleicht ist es das,
was man als Kulturschock bezeichnet.

Die Gebete sowohl meiner Freunde daheim als auch meiner
Geschwister im Haus halfen mir sehr. Im Großen und Ganzen
war ich jedoch froh, dort zu sein, und freute mich auf das, was
geschehen würde; zu sehen, wie die Brüder von den Drogen
loskamen und im Glauben wuchsen, war jede Mühe wert.

Manchmal hatte ich das Gefühl, ich müsste mich kneifen, um zu sehen, ob das alles wirklich geschah. Wie sehr hatte mein Leben sich in den vergangenen drei Jahren verändert!

Als Mitarbeiter nahmen wir regelmäßig an den Treffen für Drogenabhängige teil, die nicht sehr weit entfernt, in einem anderen Teil von Hongkong, abgehalten wurden. Wir wollten Brüder kennenlernen und für die Abhängigen beten, und manchmal brachten wir den einen oder anderen mit zu unserem Neulingshaus.

Diese Treffen waren erstaunlich, und oft war der Raum voll mit Menschen, die vom Heroin oder anderen Drogen ganz high waren. Viele von ihnen kamen, weil sie gesehen hatten, wie ihre Freunde durch Jesus verändert worden waren, und jetzt wollten sie selbst auch diese Veränderung erleben.

Als ich zum ersten Mal dort war, hatte ich Angst, es könnte schrecklich sein, mit all diesen Süchtigen in einem Raum eingesperrt zu sein! Es waren ungefähr dreißig, und der Mann, der neben mir saß, roch so sehr nach Alkohol, dass ich nicht sicher war, ob ich es aushalten konnte.

Der Raum war weiß gestrichen, und alle Lampen waren eingeschaltet. Wenigstens gab es zwischen all der geistlichen Dunkelheit etwas Licht, dachte ich.

Ich hatte einen Platz gewählt, von dem aus ich die Tür sehen konnte, damit ich im Ernstfall fliehen konnte. Aber nachdem wir mit dem Gottesdienst begonnen hatten, veränderte sich die Atmosphäre im Raum schlagartig. Jesus war mitten unter uns, und Leichtigkeit, Friede und ein Gefühl der Sicherheit breiteten sich aus. Es war mir peinlich, dass ich solche Angst gehabt und sogar meinen Fluchtweg geplant hatte.

Es war herrlich, an diesem Ort zu sein. Jackie hatte recht: Gottes Liebe und Erbarmen sind für die Bedürftigen dieser Welt etwas ganz Besonderes. Er war hier, goss seine Liebe, Heilung, Hoffnung und Gnade über diese zerbrochenen Menschen aus, von denen einige durch ihre lange Abhängigkeit auf der Schwelle des Todes standen. Hier berührte und heilte er viele, erneuerte sie und schenkte ihnen Leben. Bei diesen Veranstaltungen sagten die Abhängigen immer wieder Ja zu Jesus, um ihn in ihr Leben einzulassen, selbst in ihrem vernebelten, betäubten Zustand. Geistliche Dinge erkennt man mit dem Geist, und in ihrem Geist wussten sie, dass Gott Wirklichkeit ist, auch wenn ihr Verstand es nicht begreifen konnte. Hier erhielten die Abhängigen die Gabe des Gebets, und sie gebrauchten sie, um Gott um Hilfe anzuflehen, obwohl sie noch unter dem Einfluss von Drogen standen. Sie sahen Jesus in den Augen der Mitarbeiter, spürten seine Berührung durch das Auflegen der Hände und empfingen seine Hoffnung durch ihre Gebete und mutmachenden Worte. Ihre bedürftigen Seelen konnten endlich Frieden finden. Was für ein Privileg, hier zu sitzen und zu sehen, wie Gott auf diese Weise zu uns kam und Menschenleben zutiefst verwandelte.

Ich staunte sehr; noch nie hatte ich etwas Ähnliches erlebt. Danach hatte ich nie wieder Angst, mit Drogenabhängigen zusammen zu sein, und jedes Mal, wenn ich zu diesen Gottesdiensten ging, sah ich, wie Gott kam und diese Menschen und uns alle segnete.

Als Buddhistin hatte ich jahrelang geglaubt, Christen wären in ihrer Sicht beschränkt, weil sie sagen: «Jesus ist der einzige Weg.» Aber nachdem ich selbst zum Glauben an ihn gekommen und durch «die enge Pforte» getreten war, wurde mir klar, dass Gott mich in einen unglaublich weiten Raum geführt hatte. Der einzige Grund, warum der Weg dorthin durch eine enge Pforte führte, war, dass ich all meine Götzen und meine Lasten draußen lassen musste.

Seit ich mein buddhistisches Nonnengewand abgelegt hatte, wollte ich das Leben in seiner ganzen Fülle spüren und die Dinge tun, die ich am liebsten tat, zum Beispiel reiten, auf dem Land oder am Wasser spazieren gehen, Vögel beobachten, schwimmen, im Park joggen und Ferien mit Freunden verbringen. Jetzt weiß ich, dass das Leben ein Grund zum Feiern ist, ein großes Abenteuer.

Buddha suchte verzweifelt nach einem Ausweg aus dem Leid. Er konzentrierte all seine Energie darauf, Alter, Krankheit und Tod zu entfliehen, und das führte letzten Endes dazu, dass er vor dem Leben selbst floh. Im Gegensatz dazu kam Christus, um uns zu helfen, das Leben in seiner ganzen Fülle zu leben. Er hat seine eigene Menschlichkeit angenommen und nie versucht, ihr zu entfliehen oder sie abzulegen, und uns lehrt er, es ihm gleichzutun. Die Dinge, denen wir den Rücken kehren sollen, sind Sünde und Ungehorsam gegen Gott.

Endlich, nach all den Jahren der Feindseligkeit, konnte ich annehmen und erkennen, dass Christen doch nicht engstirnig sind.

Viele der Drogenabhängigen hatten eine buddhistische Vergangenheit, oft gemischt mit der Anbetung chinesischer Götzen, Ahnenverehrung und anderen okkulten Praktiken. Sie waren immer wieder fasziniert, wenn sie hörten, dass Gott sie durch ein Video gebraucht hatte, um mich vom Buddhismus fort und zu ihm hin zu führen.

Die Heilung und Erneuerung von Menschenleben, die ich während meiner Zeit in der St.-Stephen's-Gesellschaft erlebte, stand im krassen Gegensatz zu meiner Erfahrung im buddhistischen Tempel. Im Buddhismus hatte ich nie die geistliche Kraft gesehen, die mir hier begegnete: eine Kraft, die Menschen frei macht. Die Bibel hat recht, wenn sie sagt, dass Götzen – die Geschöpfe von Menschen – tot und ohne Leben sind, aber Gott lebendig ist und heilen und erneuern kann.

«Denn die Religion dieser Völker ist eine Täuschung: Da fällen sie im Wald einen Baum, und der Kunsthandwerker

fertigt daraus eine Figur an: Er verziert das Standbild mit
Silber und Gold und nagelt es fest, damit es nicht wackelt.
Und dann steht sie da, die Götterfigur, wie eine Vogel-
scheuche im Gurkenfeld! Sie kann weder reden noch gehen, sie muss getragen werden.»

Jeremia 10,3–5

Mein achtundsiebzigjähriger Vater verkündete der Familie
1994, er werde an meinem ersten Weihnachtsfest nach Hongkong fliegen. Meine Mutter und meine zwei Brüder (von denen
einer mein Stiefbruder aus Australien ist) kamen ebenfalls, und
ich reservierte uns ein Weihnachtsessen in einem hübschen
Hotel, damit wir zusammen feiern konnten. Während ihres
Aufenthalts hatten meine Eltern die Gelegenheit, Jackie Pullinger selbst kennenzulernen. Sie hatten großen Respekt vor ihr,
weil sie immer das Gefühl hatten, ich hätte den Tempel ihret-
wegen verlassen – obwohl ich stets versuchte, ihnen zu erklären, dass es Gott war, der mich aus dem Kloster geholt hatte,
und dass er dafür einfach Jackie gebraucht hatte. Ich war vor
dieser Begegnung ein wenig nervös, weil ich wusste, was meine
Eltern von Gott hielten. Aber Jackie war sehr herzlich, als wir
drei sie in ihrem Büro im Hang-Fook-Camp besuchten. Meine
Mutter konnte von ganzem Herzen ihre Dankbarkeit für den
Anteil ausdrücken, den Jackie ganz gewiss an meinem Sinnes-
wandel gehabt hatte. Es war ein sehr bewegender und gefühl-
voller Augenblick.

Irgendwann fing Jackie an, meinen Vater nach seinen Erfahrungen mit dem Christentum zu fragen. Er begann mit seinen
üblichen Klagen: dass er als Kind gezwungen worden sei, in die
Kirche zu gehen, und dass er das Gefühl gehabt habe, die Kirche könne ihm nichts geben (er sagte nichts von dem gestohle-
nen Geld aus dem Klingelbeutel).

Jackie antwortete sehr weise: «Das hat Sie sicher gegen die

Kirche eingenommen. Aber ich hoffe, Sie haben deswegen nicht Gott den Rücken gekehrt.»

Er schwieg, hatte keine Antwort. Nachdem wir uns noch ein wenig unterhalten hatten, verließen wir Jackies Büro. Wir waren alle recht schweigsam, jeder von uns tief in Gedanken versunken, nachdem das Gespräch uns auf unterschiedliche Weise inspiriert oder herausgefordert hatte. Nach der Begegnung mit Jackie sprachen meine Eltern weiterhin mit großer Achtung von ihr und St. Stephen's.

Ich wusste es damals natürlich nicht, aber der Besuch meines Vaters in Hongkong war das letzte Mal, dass ich ihn sah. Sechs Monate später starb er ganz unerwartet, aber friedlich nach einem Schlaganfall.

Mit der Zeit begann ich zu spüren, dass sich eine Veränderung anbahnte. So sehr ich durch meine Arbeit in der St.-Stephen's-Gesellschaft auch gesegnet wurde, spürte ich tief im Innern doch, dass dies keine langfristige Berufung war. Viele der ausländischen Mitarbeiter hatten gute Fortschritte im Chinesischen gemacht, aber ich hatte wenig Lust dazu und sah auch keinen rechten Grund, es zu lernen. Und ich glaubte, dass diese Tatsache etwas zu bedeuten hatte.

Ich sprach ein Gebet, das Jackie uns ans Herz gelegt hatte und das wir beten sollten, wenn wir bereit dazu waren. (Sie sollten sich im Klaren darüber sein, dass Sie für eine Veränderung bereit sein müssen, wenn Sie dieses Gebet ebenfalls sprechen, denn es könnte ganz neue Türen in Ihrem Leben öffnen.) Das Gebet ging ungefähr so: «Vater, rühre mein Herz an, dass ich etwas von deiner Liebe zu den Menschen empfinde, zu denen du mich senden willst.» Ich betete, ohne zu wissen, wer diese Menschen waren, aber es dauerte nicht lange, bis mein Gebet erhört wurde.

14. Der Ruf nach Thailand

«Für jede Zivilisation, für jede Ära kann man sagen: Zeig mir, was für Götter du hast, und ich sage dir, welche Menschlichkeit du besitzt.»[8]

Emil Brunner

Nicht lange, nachdem ich dieses Gebet gesprochen hatte, kam mir oft Thailand in den Sinn, ein Land, an das ich in den vergangenen Jahren kaum einmal gedacht hatte. Irgendwann sah ich jedes Mal, wenn ich Gott anbetete, Bilder vor meinem geistigen Auge, bei denen Heilungswunder unter den Thailändern geschahen und Tausende von ihnen sich zu Christus bekehrten und ihre Götzen und Buddha-Figuren auf große Haufen warfen. Schließlich sprach ich mit Jackie darüber, und sie sagte: «Ich glaube, der Herr bereitet dich auf Thailand vor.»

Kurz darauf, im Dezember 1995, schickte Jackie mich und eine Freundin, eine englische Mitarbeiterin aus Hongkong, zu einem missionarischen Kurzeinsatz nach Thailand. Dies war die erste von mehreren kurzen Reisen in den nächsten Jahren. Ich wollte unbedingt mehr über die Situation der Kirche in Thailand wissen, und dass ich einige Leiter und Missionare der thailändischen Kirche treffen konnte, half mir sehr. Ich war nicht mehr in Thailand gewesen, seit ich vor ungefähr zehn Jahren im Nordosten beschlossen hatte, buddhistische Nonne zu werden.

Ich weiß noch, dass ich eines Tages an einer Straßenecke in

Bangkok stand. Mir war bewusst, dass Menschen aus Ländern wie England es oft schwierig finden, nachzuvollziehen, wie ich das buddhistische Klosterleben hinter mir ließ. Für sie ist es eine interessante, aber seltsame Geschichte. In Thailand dagegen, wo 93 Prozent der Bevölkerung Theravada-Buddhisten sind (das ist dort die Staatsreligion) und nur ein Prozent sich zu den Christen zählen, hat meine Geschichte wirklich eine Bedeutung.

Plötzlich ergab alles einen Sinn. Das war Gottes Weg für mich, und zum ersten Mal erkannte ich, warum Gott zugelassen hatte, dass ich mich so tief in den Buddhismus hineinbegeben hatte: Er benutzte meine Erfahrungen als Grundlage für meine Berufung nach Thailand und zu den Buddhisten. Gott hatte meine Vergangenheit für seine Zwecke geheiligt. Ich kam mir vor wie ein Geheimagent mit einem tiefen Verständnis für den Buddhismus, von dem die normalen Thailänder auf der Straße sich nicht träumen ließen, dass ich es besaß! Nach und nach stattete Gott mich mit den Mitteln und der Autorität aus, um jene zu erreichen, die in den gleichen Fesseln steckten, wie ich sie an mir gehabt hatte.

Ein tiefer Wunsch erwachte in mir, Thai sprechen, lesen und schreiben zu lernen. Die Sprache faszinierte mich immer mehr. Als Nonne hatte ich nie Interesse daran gehabt, die Sprache zu lernen, obwohl ich oft von thailändischen Mönchen und Nonnen umgeben war. Jetzt wollte ich es wirklich und kaufte sofort ein paar Kinderbücher und ein Thai-Alphabet, um die Buchstaben zu lernen.

Ungefähr zu diesem Zeitpunkt bekamen die Menschen in Thailand für mich allmählich eine besondere Bedeutung, weil Gott mir eine tiefe Liebe zu den Menschen gab, die jetzt schon seit vielen Jahren anhält. Nicht, dass die Menschen anderer Nationen mir nicht wichtig wären – das sind sie ganz gewiss. Aber die Thailänder haben eindeutig meine besondere Aufmerksamkeit. Der Wunsch, thailändische Christen im Glauben wachsen und stark werden zu sehen, ist besonders groß, und ich hoffe von ganzem Herzen, dass das Leben thailändischer Buddhisten verwandelt wird, indem sie Christus kennenlernen.

Vielleicht war dies die Antwort auf das Gebet, das ich in Hongkong gebetet hatte, nämlich dass Gott mein Herz anrühren und mir etwas von seiner Liebe für die Menschen geben möge, zu denen er mich berief.

Als Christin nach Thailand zurückzukehren, war jetzt eine äußerst interessante Erfahrung für mich, und es war, als würde ich die Thailänder mit ganz neuen Augen sehen. Oft war mir, als könnte ich sehen, wie das Strahlen in den Gesichtern vieler Menschen erloschen war – getrübt durch die Fesseln des Götzendienstes. Das hatte ich vorher nicht bemerkt. Es lag sozusagen ein «Schleier» über ihren Gesichtern. Die Bibel erklärt uns, dass wir so werden wie die Dinge, die wir anbeten, und dass Götzen von Natur aus tot und leblos sind. Jetzt sah ich diese Wahrheit mit eigenen Augen.

«Doch ihre Götter sind nur Figuren aus Silber und Gold,
von Menschenhänden gemacht.
Sie haben einen Mund, aber reden können sie nicht; Augen
haben sie, doch sie können nicht sehen.
Mit ihren Ohren hören sie nicht, und mit ihren Nasen riechen sie nichts.
Ihre Hände können nicht greifen, mit ihren Füßen gehen
sie nicht. Aus ihren Kehlen kommt kein einziger Laut!
Genauso starr und tot sollen alle werden, die diese Götzen
schufen, und auch alle, die solchen Götzen vertrauen!»

Psalm 115,4–8

Ich lebte immer noch in Hongkong, als man mich einlud, den Monat August 1996 in der Mongolei zu verbringen. Ich reiste mit einer kleinen Gruppe von Hongkong ab, um Mitgliedern einer deutschen Kirche, die dort langfristig missionierte, zu helfen. Nachdem ich gebetet hatte, war ich davon überzeugt, dass ich gehen sollte, aber ich wusste eigentlich nicht, warum. Wir waren in der kleinen Stadt Hinti stationiert, mit dem Auto zwölf Stunden östlich von der Hauptstadt Ulan-Bator, und wir wohnten in mongolischen Zelten. Es war ein ziemliches Abenteuer!

An den meisten Tagen zogen wir in fünf oder sechs Teams aus jeweils drei oder vier Personen los, jeweils inklusive eines mongolischen Dolmetschers. Wir brachten Lebensmittel und Kleidung zu den Armen und erzählten ihnen von Jesus. Ich stellte fest, dass einige Mongolen an den tibetischen Buddhismus glaubten. Ich übte, die Götzen und Schreine nicht anzusehen, wenn ich ihre Zelte und Häuser betrat, sondern mein «geistliches Auge» auf Jesus zu richten.

Was wir in unseren jeweiligen Teams erlebten, war erstaunlich. Ganze mongolische Familien, denen wir von Jesus erzählten, kamen zum Glauben an ihn, Tag für Tag, oft verbunden mit Heilungswundern und intensiven Gebetszeiten. Dies geschah nicht nur in der Gruppe eines besonders begnadeten Evangelisten, sondern bei fast jedem Team, das ausgesandt wurde. Ich sah zum ersten Mal mit eigenen Augen, wie eine ganze Familie aus Buddhisten sich zu Christus bekehrte; sie hungerten förmlich danach, ihn kennenzulernen. Einige dieser frisch Bekehrten beschlossen sofort, ihre Götzenbilder und die buddhistischen Amulette wegzuwerfen. Das ist ein sicheres Zeichen für eine eindeutige Bekehrung zu Christus. (Manche Menschen halten noch eine Weile an diesen Dingen fest, nur für den Fall, dass ihr neuer Gott nicht funktioniert – wie eine Art Versicherungspolice!)

Ein Mongole, der Christ wurde, als wir seine Familie besuchten, erkannte auf der Stelle: «Der Buddhismus ist nur ein Konzept, es ist keine Wahrheit darin.»

Er hatte vollkommen recht. Er war tibetischer Buddhist gewesen, aber in dem Augenblick, als er an Jesus glaubte, fielen Täuschung, Blindheit und Fesseln von seinem Verstand ab.

Diese kurze Missionsreise erwies sich als wunderbare Ermutigung. Zu sehen, wie Buddhisten auf diese Weise Christen wurden, zeigte mir die Hoffnung auf das, was in Thailand möglich war. Ich hatte es mit eigenen Augen gesehen. Auf dem Weg zurück nach Hongkong war mir jetzt klar, warum Gott mich in die Mongolei geschickt hatte!

Mein Herz und meine Gedanken waren weiterhin in Thailand, auch wenn ich noch nicht dort lebte, und so war ich froh, als ich im März 1998 zu einer weiteren kurzen Reise dorthin aufbrechen konnte. Inzwischen war ich sicher, dass Gott mich rief, nach Thailand zu gehen und dort zu leben, und dass es nur noch eine Frage der Zeit war. Bei dieser Reise ging ich zusammen mit einer guten thailändischen Freundin, Noi, die auch Christin ist und mit den vielen Armen in Bangkok arbeitete, in die Slums. Wir besuchten eine Freundin von Noi, die in einer baufälligen, selbst gezimmerten Hütte auf einer Müllhalde wohnte.

Während wir dort saßen und uns unterhielten und ein paar kleine Kinder um unsere Füße wuselten, bemerkten wir eine sehr zurückgezogene Frau, die vielleicht dreißig Jahre alt war. Sie war so in sich gekehrt, dass sie beinahe schon abwesend wirkte – als wäre sie gar nicht da. Sie war eine Drogenabhängige, die offenbar an AIDS litt. Ihre Haut war übersät mit eitrigen Wunden, die zeigten, dass sie sich in einem weit fortgeschrittenen Stadium der Krankheit befand.

Noi und ich wussten, dass wir ihr von Jesus erzählen mussten. Wir fragten sie, ob sie wüsste, wer Jesus sei, und sie verneinte. Wir fingen an, ihr von ihm zu erzählen, und vergewisserten uns, ob sie es verstanden hatte. Dann fragte Noi die junge Frau, ob sie ihn gerne kennenlernen wollte. Sie sagte Ja. Sie betete auf Thai, um Jesus in ihr Leben zu bitten. Ihr Körper war sehr ausgetrocknet, richtig dehydriert, aber zwei kleine Tränen traten ihr in die Augen, und die Gegenwart Gottes war so spürbar, als stände er neben uns. Mir fiel der Bibelvers ein, der besagt, «weder Hohes noch Tiefes oder sonst irgendetwas können uns von der Liebe Gottes trennen, die er uns in Jesus Christus, unserem Herrn, schenkt» (Römer 8,39).

Da war diese schrecklich verängstigte Frau, die an AIDS litt und von der Drogensucht ausgezehrt dahinstarb, ohne Gott zu kennen. Aber Jesus begegnete ihr, und nachdem sie ihm ihr Leben übergeben hatte, veränderte sich ihre Miene und sie wurde wirklich lebendig.

Wir erwachen tatsächlich zum Leben, wenn wir wissen, dass wir die Ewigkeit mit Gott verbringen werden und dass er uns alle unsere Sünden vergeben hat. Dieses Erlebnis war ein solcher Segen für uns, dass wir förmlich aus dem Slum schwebten! Wenn Christus nicht gewesen wäre, hätte ich nicht gewusst, welche Hoffnung ich dieser Frau hätte schenken können. Es ist ein wunderbares Vorrecht, ihn zu kennen und andere Menschen mit ihm bekannt zu machen.

Ich erzählte diese Geschichte einer befreundeten thailändischen Christin namens Malee, und sie machte eine interessante Bemerkung: «Die mentale Abwesenheit und der Rückzug dieser drogenabhängigen Frau ist typisch für die meisten thailändischen Buddhisten, die glauben, sie hätten kein Selbst. Darum fühlen sich viele Menschen so wertlos und gefangen; sie haben keine Freiheit, sich selbst zu entfalten. Es ist fast so, als wäre ihre Seele zerdrückt. Deshalb fühlte Nois Bekannte, die am Rand der Gesellschaft stand, sich noch wertloser, als hätte sie kein Recht zu leben. Eine solche Einstellung widerspricht dem wahren Wesen, das Gott in ihnen angelegt hat. Der

Buddhismus leugnet das gottgegebene Wesen, das wir haben, und es ist furchtbar anstrengend, zu unterdrücken, was Gott geschaffen hat, und so zu leben, als hätte man kein Selbst. Wenn Menschen dann durch Jesus befreit werden, sehen wir oft eine unbeschreiblich große Freude und ihre wahre Identität und Persönlichkeit, die zum Vorschein kommt. Es ist, als wären sie einem Gefängnis entflohen.»

Nach drei Jahren in Hongkong verließ ich die St.-Stephen's-Gesellschaft und kehrte nach England zurück. Ich war ausgesprochen dankbar für meine Zeit und all die Erfahrungen dort. Ich habe die Arbeit seitdem einige Male besucht, und als ich vor kurzem dort war, sah ich einen der ehemaligen Drogen-abhängigen, die ich während meines ersten Jahres im Neu-lingshaus kennengelernt hatte. Er sah völlig gesund aus, und sein Glaube wirkte ganz klar. Er war überrascht und erfreut, als er mich sah, und sagte: «Esther, die letzten zehn Jahre waren die besten zehn Jahre meines Lebens.»

Er war eines von buchstäblich tausenden Menschenleben, die Gott durch St. Stephen's berührt hat – so wie meines auch. Insgesamt war es für mich eine Zeit unglaublichen Wachsens, und Jackies Verkündigung hat wichtige Grundlagen in meinem Leben als Christin gelegt. Aber mir war klar, dass Hongkong eine Schule gewesen war und dass Thailand jetzt mein neues Zuhause, meine neue Heimat war. Ich musste weiterziehen.

15. Das Leben als Missionarin in Thailand

> «[Christus] hat sich selbst für [die Gemeinde]
> dahingegeben, um sie zu heiligen. Er hat sie
> gereinigt durch das Wasserbad im Wort, damit
> er sie vor sich stelle als eine Gemeinde, die
> herrlich sei und keinen Flecken oder Runzel
> oder etwas dergleichen habe, sondern die hei-
> lig und untadelig sei.»
>
> *Epheser 5,25–27 (Lutherbibel)*

Im Jahre 1999 traf ich endlich in Thailand ein, um dort ganz als Missionarin zu leben. Die Zeit zwischen meiner Heimreise von Hongkong nach England und dem Aufbruch nach Thailand verging wie im Flug. Es war ein Segen, dass ich weiterhin von der Christ Church ausgesandt wurde (dort war jetzt ein neuer Pastor im Amt, Reverend Dave mit seiner Frau Lois). Ihre Ge-bete, ihre Liebe und Unterstützung hatten mich in Hongkong getragen, und ich wusste, dass ich auch in Zukunft auf sie und andere betende Freunde angewiesen sein würde.

Ich hatte das Gefühl, dass Thailand eine größere Herausfor-derung darstellen würde, weil ich in ein Land zurückkehrte, in dem die Staatsreligion genau diejenige war, von der Gott mich befreit hatte. Die Auswirkungen jahrhundertelanger buddhisti-scher Tradition sind tief in der thailändischen Kultur und Ge-sellschaft verankert und prägen oft die Sprache, das Denken und das Verhalten. Ich hatte die Wirkung des Theravada-

Buddhismus auf mich als Individuum ja erlebt, und jetzt würde ich sehen, welchen Einfluss er auf ein ganzes Volk hatte.

Meine frühere Verstrickung in den Buddhismus sollte eine große Hilfe sein, wenn es darum ging, diese Einflüsse zu verstehen. Und ich trug ein großes Vertrauen in meinem Herzen: Wenn Gott mich vom Buddhismus befreien konnte, konnte er mit Sicherheit auch den Menschen in Thailand helfen.

Ich war nicht sicher, wie lange ich dort sein würde, aber ich war bereit, so lange zu bleiben, wie Gott mich dort haben wollte. Das hatte ich mit ihm besprochen, bevor ich mich auf den Weg machte.

Als ich schließlich in Thailand war, hatte ich das Gefühl, endlich angekommen zu sein, nachdem ich mehrere Jahre an Orten verbracht hatte, wo ich nur auf der Durchreise gewesen war – auf dem Weg zu einem anderen Ziel, wo auch immer das war. Jetzt hatte ich plötzlich das Gefühl, zu Hause zu sein. Zum ersten Mal im Leben kaufte ich Dinge für meine Wohnung, zum Beispiel Möbel, eine Waschmaschine, einen Kühlschrank und andere Sachen, die ein Zeichen dafür waren, dass ich mich niederließ. Es war eine ziemliche Herausforderung, weil mir klar wurde, dass es sich hier um eine ernsthafte und langfristige Aufgabe handelte. Diesmal bereitete ich mich nicht in Gedanken schon darauf vor, bald wieder weiterzuziehen.

Das Gefühl der Vertrautheit wurde verstärkt durch die Tatsache, dass ich schon einmal eine Zeitlang in diesem Land verbracht hatte, bevor ich mich zur Nonne hatte weihen lassen, und dass ich in dem buddhistischen Tempel in England auf «thailändische Art» gelebt hatte. Ich fragte mich auch, ob vielleicht schon während meiner Kindheit durch die Jahre in Singapur die Grundlage für eine starke Bindung zu Asien gelegt worden war.

Mein erstes Jahr in Bangkok verbrachte ich in der Sprachschule damit, Thai zu lernen. Unterstützt durch viele Gebete, begann meine Fähigkeit, Thai zu lesen, zu schreiben und zu sprechen allmählich zu wachsen. Das war wirklich erstaunlich, weil ich nicht sprachbegabt bin, und ich wusste, dass Gott mir auf ungewöhnliche Weise half.

Es war, als durchlebte ich eine zweite, sozusagen «thailändische» Kindheit, während ich lernte, die seltsamen und schönen Schriftzeichen zu kopieren, aus denen das Thai-Alphabet besteht. Die verschiedenen Kringel faszinierten mich und tun es immer noch. Unsere Thai-Lehrerinnen wurden wie Ersatzmütter, die uns geduldig beibrachten, wie man diese merkwürdigen Laute ausspricht, und uns zulächelten und lobten, wenn wir es richtig machten. Eine zweite Sprache zu lernen, wenn man schon älter ist, kann eine geradezu ernüchternde Erfahrung sein.

Es war natürlich nicht alles einfach – es war und ist manchmal immer noch schwierig, in einer ganz anderen Kultur zu leben. Die Thailänder waren nicht wie die Chinesen, an die ich mich mit der Zeit gewöhnt hatte. Die Hongkong-Chinesen sind in der Regel sehr offen und sagen ziemlich direkt, was sie denken. Thailänder sind sanfte, höfliche Menschen, die die Gefühle anderer nicht verletzen wollen und sehr zurückhaltend mit ihrer Meinung sind, damit sie niemanden beleidigen. Dadurch ist es manchmal schwer zu erkennen, wie es ihnen wirklich geht oder was sie zu sagen versuchen. Manchmal sagen sie das, von dem sie glauben, dass ihr Gegenüber es hören will.

Am Anfang war ich oft unsicher, wenn ich mit den Menschen dort sprach, und mir wurde klar, dass ich noch eine Menge über diese so ganz andere Kultur und das komplexe soziale System lernen musste.

Ich war ungefähr seit zwei Jahren in Thailand, als ich Hope Taylor wiedertraf. Hope war 1983 so freundlich gewesen, mich im Tempel im Nordosten Thailands zu besuchen, als ich mich darauf vorbereitete, buddhistische Nonne zu werden. Sie war völlig aus dem Häuschen, als sie erfuhr, dass ich Christin geworden war, und fasziniert lauschte sie meiner Geschichte. Ich brachte ihr große Dankbarkeit und Achtung entgegen. Und da wir jetzt ähnliche Interessen hatten, was die Kirche in Thailand betraf, wurden wir gute Freundinnen. Was für ein Unterschied zu unserer ersten Begegnung!

✦ ✦ ✦

Seit meiner Ankunft in Thailand bin ich in einer thailändischen Gemeinde in der Landesmitte stationiert und Teil einer christlichen Arbeit, deren Kernthema die Nachfolge Jesu ist. Dazu gehört, den Leitern thailändischer Gemeinden zu helfen, in Christus zu wachsen und zu reifen, aber auch der Unterricht mit frisch Bekehrten. Wir arbeiten überkonfessionell mit den Kirchen in Thailand zusammen, normalerweise in Gruppen. Viele der Teammitglieder sind Thailänder, aber es gibt auch einige ausländische Missionare, die helfen. Ich reise sehr gerne in die Provinzen, um Gläubige zu besuchen und zu ermutigen. Thailand ist ein wunderschönes Land, und die Menschen sind sehr herzlich und gastfreundlich.

Meine Welt ist sehr «Thai». An den meisten Tagen esse ich thailändisches Essen, das mir sehr gut schmeckt. Viele meiner besten Freunde sind Thailänder, und ich gehe in eine thailändische Gemeinde. Es ist mir eine Freude, sonntags an der Seite meiner thailändischen Brüder und Schwestern im Gottesdienst zu stehen, während ich denke: «Wenn *mich* dieser Klang erfreut, wie viel mehr muss Gott sich dann darüber freuen?»

Wir leben aus dem Glauben heraus, was ich von Jackie gelernt habe, also beten wir für Geld – sowohl für die Arbeit als auch für unsere persönlichen Bedürfnisse. Ich erlebe Gottes Treue und Fürsorge jetzt seit vielen Jahren und bin sehr dankbar dafür. Vor kurzem brauchten wir ein Auto, also beteten wir mit mehreren Freunden – und wie durch ein Wunder erhielten wir einen großen Geldbetrag, so dass wir das Auto kaufen konnten. Es scheint uns wirklich nie an Dingen zu fehlen, die wir benötigen.

Von allem, was ich in meinem Leben getan habe, hätte ich wohl am meisten bereuen können, dass ich so viele Jahre als buddhistische Nonne verschwendet habe. Aber nachdem ich jetzt wieder in Thailand bin und Gott unter Buddhisten diene, ist dieses Bedauern völlig verschwunden. In Gottes Kostenrechnung gibt es keine Verschwendung, wie es scheint. Er kann alles gebrauchen – auch meine Vorgeschichte.

Obwohl Thailand reicher ist als einige der Nachbarländer, stehen wir vielen Herausforderungen gegenüber. Wir haben große Probleme mit Drogen- und Alkoholabhängigkeit, Armut, Korruption, Ungerechtigkeit und Prostitution (von Männern, Frauen und Kindern). Oft fragen mich Leute nach meiner Meinung, warum es in Thailand so viel Prostitution gibt. Ob ich die Armut als Ursache ansehe. Ich würde sagen, das ist die höfliche Antwort. Ich glaube aber, dass die eigentliche Ursache im Götzendienst zu suchen ist. Götzendienst und sexuelle Unmoral scheinen förmlich untrennbar miteinander verbunden; wo das eine zu finden ist, kann man beinahe immer auch das andere finden. Von diesem Zusammenhang spricht auch die Bibel:

«Statt den ewigen Gott in seiner Herrlichkeit anzubeten, verehrten sie Götzenstatuen von sterblichen Menschen, von Vögeln und von vierfüßigen und kriechenden Tieren. Deshalb hat Gott sie all ihren Trieben und Leidenschaften überlassen, so dass sie sogar ihre eigenen Körper entwürdigen. Sie haben Gottes Wahrheit verdreht und ihrer eigenen Lüge geglaubt. Sie haben die Schöpfung angebetet und

nicht den Schöpfer. … Deshalb überlässt Gott sie einer inneren Haltung, die ihr ganzes Leben verdirbt.»

Römer 1,23.25–28

Ich habe das selbst mit angesehen. Wenn ein Mensch den Blick
von Gott abwendet und auf einen Götzen heftet – auf irgendein
erschaffenes Ding – und ihn anzubeten beginnt, ist es, als
würde Gott zurücktreten und ihre Gedanken perversen, unrei-
nen Dingen überlassen. Möglichkeiten, die man nicht einmal
in Erwägung gezogen hätte, wenn man sich nicht von Gott entfernt hätte, werden jetzt Wirklichkeit und, schlimmer noch,
scheinen attraktiv. Es ist, als ob Gottes schützende Hand sich
von ihnen weghebt und die Sünde ihren Lauf nimmt. Irgendwann ist der Mensch dann in diesen perversen Wünschen gefangen wie eine Fliege im Spinnennetz, was nie geschehen wäre, wenn er auf Gott geblickt hätte.

Es ist sehr traurig, dass manche thailändischen Familien ihre
Kinder in die Prostitution verkaufen. In einigen der ärmeren
Dörfer in den Provinzen gehört ihnen vielleicht das schönste
Haus im Dorf, das sie mit den Einkünften aus der Kinderpros-
titution erworben haben. Für die meisten Menschen ist das absolut unvorstellbar. Ich sage das auch nicht, um andere zu ver-
urteilen, sondern weil ich verstehen will, was passiert. Schon
die Tatsache, dass man so etwas überhaupt in Erwägung zieht,
hat, so glaube ich, geistliche Ursachen.

Andererseits sind viele thailändische Prostituierte sehr «reli-
giös». Oft sind sie Buddhisten, aber sie verehren unter Umständen auch andere Götter und Geister. Mit Interesse las ich das,
was Alex Smith geschrieben hat: «Wo auch immer der Buddhismus sich ausbreitet, hat er die Wirkung eines Staubsaugers, der
einheimische Religionen unter seinen großen Schirm auf-
saugt.»[9]

Einige der großen und viel besuchten Götzenschreine wurden dort gebaut, wo Prostituierte arbeiten, und bekräftigen so den Eindruck, dass Götzendienst und Unmoral oft eng miteinander verbunden sind. Wenn einzelne Menschen oder ganze Völker dem Götzendienst verfallen, kann die Moral bis zu einem Punkt abnehmen, an dem manche nicht einmal mehr wissen, was moralisch ist.

Ich finde es faszinierend zu sehen, wie der Glaube der Menschen ihr Verhalten als Einzelne und sogar als ganze Nation beeinflusst. So hat zum Beispiel der buddhistische Glaube an das Karma einen starken Einfluss auf die Art, wie viele Thailänder lebendige Wesen behandeln. Streng genommen ist es eine Sünde, irgendein fühlendes Wesen zu töten, also versuchen einige Buddhisten, nie auch nur ein Ungeziefer wie Kakerlaken, Ratten oder tollwütige Hunde zu töten. Manche gehen so weit, dass sie kein Desinfektionsmittel in die Toilette geben, weil es etwas Lebendes zerstören könnte.

Thailand ist ein heißes, tropisches Land und hat viel Ungeziefer. Diese Tiere sind richtig gefährlich, weil sie Krankheiten übertragen. Aber das Ideal, nicht zu töten, wird oft über die Sicherheit gestellt, weil die Menschen Angst haben, ein schlechtes Karma zu bekommen. Im Gegensatz dazu hat Gott gesagt, wir sollen «Macht haben über alle Tiere» (1. Mose 1,28), was meiner Meinung nach bedeutet, dass wir gute und verantwortungsbewusste Verwalter sein sollen, aber bestimmt nicht, dass wir uns mit Ungeziefer anfreunden müssen.

Vor kurzem kam ich unmittelbar mit der Angst vor einem schlechten Karma in Berührung. Wir haben unzählige wilde Hunde in Thailand, die ausgesetzt wurden, auf den Straßen herumstreunen und sich fortpflanzen, manchmal in Rudeln. Ein großer, aggressiver Hund lebte auf der Straße vor meinem Haus. Der Restaurantbesitzer ein Stück weiter fütterte ihn. Eines Tages, als ich draußen entlangging, kam der Hund ruhig näher, als wollte er mich begrüßen, und dann, völlig unprovoziert, biss er mir in den Knöchel. Ich begab mich auf der Stelle ins Krankenhaus und bekam sofort die erste von zehn Impfungen gegen Tollwut verabreicht. Die waren teuer und schmerzhaft. Ich bat die Ortsvorsteherin, sich um den Hund zu kümmern, und sie erklärte mir, die Person, die ihn füttere, sei nicht damit einverstanden, dass er eingeschläfert wird. Obwohl ich die von der Regierung bestellten Hundefänger mehrmals aufforderte, zu kommen und den Hund zu entfernen, kamen sie nie. Ich sagte zu der Ortsvorsteherin, die Leute hätten offenbar mehr Respekt vor einem Hund als vor einem Menschen, und sie widersprach mir nicht. Ich fühlte mich ziemlich allein gelassen.

Ein paar Wochen später war ich wieder unterwegs und unterhielt mich mit einer Nachbarin, und derselbe Hund, der meine Stimme gehört und wiedererkannt hatte, schlich sich erneut an. Diesmal sah ich ihn nicht. Er biss mich in den anderen Fuß, diesmal heftiger. Ich war schockiert und rief vom Krankenhaus aus meine Freunde in Christ Church an, damit sie für mich beteten. Diesmal war die Verletzung schlimmer, weil die ernsthafte Gefahr einer Infektion bestand.

Es dauerte mehrere Wochen, bis alles verheilt war. Ich war verzweifelt, aber zum Glück stand mein Umzug bevor, und ich war froh, dass ich aus der Straße wegziehen konnte. Ich wusste, dass niemand etwas wegen des Hundes unternehmen würde, und meine eigenen halbherzigen Versuche, ihn zu töten, hatten keinen Erfolg gehabt.

Der Glaube an die Karma-Theorie kann einen nachlässigen Umgang mit dem Leben zur Folge haben, das nicht als wertvoll betrachtet wird. Wenn Menschen glauben, dass ihre Umstände im Leben lediglich die Folge ihres früheren Karmas sind und dass es noch weitere Leben gibt, warum sollten sie es dann auch ernst nehmen? Dieses Leben scheint dann weniger wichtig. Eine befreundete thailändische Christin sagte neulich, sie habe den Eindruck, ein solcher Glaube führe auch dazu, dass Menschen nicht die nötige Verantwortung für sich und für andere übernehmen, zum Beispiel wenn Eltern ihre Kinder weggeben, um sie erziehen zu lassen, wenn sie es doch selbst tun könnten.

Dieser Glaube ans Karma erschafft außerdem eine Gesellschaft, die sehr auf Hierarchie bedacht ist (im öffentlichen Leben und in der Religionsausübung), weil die Menschen glauben, dass die einen in ihrem vorigen Leben ein «gutes Karma» und andere ein «schlechtes Karma» verdient haben. Wenn man arm ist, muss man also im vorigen Leben etwas Böses getan haben. Aus dieser Sichtweise erwächst das Gefühl, dass manche Menschen mehr Respekt und Ehrerbietung verdient haben als andere. Das steht im Gegensatz zum christlichen Verständnis, dass in Gottes Augen alle Menschen gleich sind. Wir sind alle Sünder, die aus Gnade gerettet sind, und niemand ist besser als die anderen. Sogar Jesus selbst kam als einer der Ärmsten auf die Welt. Jesus hat nie vom Karma gesprochen oder es irgendwie anerkannt.

Allmählich konnte ich die dramatische Wirkung sehen, die der Buddhismus auf die Menschen in Thailand hatte. Wenn man glaubt, dass alle Dinge vergänglich, unzulänglich und «ohne Selbst» sind, dann beeinträchtigt das die Art und Weise, wie Menschen leben und ihr Leben sehen. Thailändern fehlt es oft an Ehrgeiz, weil dieser als negativ betrachtet wird. Manche finden es schwierig, sich zu motivieren oder Dinge zu Ende zu bringen, und manchmal fangen sie gar nicht erst an, etwas zu tun.

«Das Haus muss nicht gestrichen werden, es spielt ja keine Rolle.» – «Ach, wir sichern das Haus nicht gegen Überschwemmung, das kommt ja nur ein Mal im Jahr vor.»

Solche Aussagen höre ich oft von Leuten – warum etwas tun,

wenn doch alles unwichtig ist und letzten Endes nicht mir gehört?

Das geht so weit, dass Menschen lernen, möglichst wenige Gefühle auszudrücken, weil man es für besser hält, solche Dinge nicht zu zeigen. Deshalb sieht man vielen Menschen nicht an, was sie denken und fühlen.

Das scheint mir eine echte Verneinung unserer Menschlichkeit zu sein. Es steht in völligem Gegensatz zu der christlichen Perspektive: Das «Herz» – mit dem sowohl die Seele als auch der Geist eines Menschen gemeint ist – existiert ganz zweifellos und ist die Mitte unseres Wesens, der Quell des Lebens, aus dem Gefühle, Gedanken, Antrieb, Mut und Handeln entspringen. In Sprüche 4,23 steht: «Mehr als alles hüte dein Herz; denn von ihm geht das Leben aus» (Einheitsübersetzung).

Die Auswirkungen der buddhistischen Lehren auf das Leben der Menschen können wirklich verheerend und beeinträchtigend sein, so als entferne man das Rückgrat eines Menschen oder einer Gesellschaft. Eine solche Einstellung kann zu ungesunder Faulheit und Trägheit führen, zu schrecklicher Fruchtlosigkeit von Herz und Geist und zu einer Erosion des Willens – und all das hat Gott niemals für uns im Sinn gehabt.

Diese tiefe innere Unfruchtbarkeit ist eine perfekte Grundlage für Suchtverhalten, das wir hier oft sehen. Es stimmt zum Beispiel, dass Buddha lehrte, man solle nicht übermäßig viel Alkohol trinken, aber leider hat er den Menschen keine wirksame Methode an die Hand gegeben, die ihnen ermöglicht, diesem Rat zu folgen. Und so ist Alkoholismus ein riesiges Problem in Thailand. Selbst in den meisten thailändischen Kirchengemeinden ist ein absolutes Alkoholverbot nötig, weil es selbst für einen Gläubigen schwierig ist, in Maßen zu trinken – so groß ist die Neigung zu Suchtverhalten. Nach allem, was ich erlebt habe, bietet der Buddhismus den Menschen nichts, um ihre sündigen Begierden zu beherrschen: Regeln, menschliche Bemühungen und Ideale alleine sind nicht genug.

Bei unserer Arbeit begegnen wir Christen und Nichtchristen, die in verschiedenen Abhängigkeiten gefangen sind, und immer sind sie ein Zeichen für ein bedürftiges, leeres, verletztes Herz, das sich danach sehnt, erkannt, geliebt und genährt zu werden. Oft suchen Menschen, die sich auf Suchtmittel und den Konsum von Rauschmitteln einlassen, nach Erleichterung oder einem Ausweg aus dem Schmerz, aber am Ende erweist die Abhängigkeit sich nicht als echte Antwort, sondern führt zur Vernichtung. Wir erzählen von Jesus, der unsere Menschlichkeit segnet, uns in unserem Wesen bestätigt, unsere Schwächen teilt, unsere Seelen heilt und unsere Sünden vergibt – er ist der Gott, der die Antwort auf jedes Problem und jede Sehnsucht ist.

Ich habe gelernt, dass meine Rolle nur darin besteht, die Menschen zu Jesus zu führen, damit er ihnen helfen kann; ich soll auf ihn blicken und sie ihm überlassen. Es ist wundervoll, wenn wir sehen, dass viele Thailänder und auch andere durch Gottes Liebe und Gegenwart gesegnet, geheilt und befreit werden, und viele sich von der Leere als Ziel abwenden und Leben, Sein und Sinn in Christus finden.

Eine andere befreundete thailändische Christin sagte einmal, für sie sei die Arbeit, die wir machen, ein bisschen wie die Arbeit einer Kosmetikerin, indem wir helfen, die Braut Christi schöner zu machen – als Vorbereitung für ihn. Und ich finde, sie hat recht (siehe Epheser 5,25–27). Während Jesus den Menschen seine Liebe, Vergebung und Wahrheit schenkt, gewinnen sie wirklich an Schönheit. Die Heilung ihrer Seelen zeigt sich leuchtend und mühelos in jedem Aspekt ihres Lebens, wenn sie von Jesus erneuert werden. Dann sehen wir die echte Schönheit und Bedeutung eines Menschenlebens, wie Gott sie sich immer gedacht hat.

Ich persönlich finde das thailändische Gesicht der Braut Christi, der Gemeinde, wunderschön. Sie ist klein und in der Minderheit, und sie ist oft schwach und hilfsbedürftig, aber ich sehe, dass Christus sie ganz und gar liebt. Und ich bin froh über das Gefühl der Erfüllung, das ich trotz verschiedener Herausforderungen in den letzten Jahren haben darf, seit ich Gott hier diene. Viele Jahre lang war das Gemeindewachstum sehr langsam, aber jetzt lernen immer mehr Thailänder Gott kennen. Es ist meine große Freude, Gott dabei zuzusehen. Hier zu sein hat meiner Vergangenheit, meiner Suche und meinen Wegen einen Sinn gegeben, als ich von ihm erlöst wurde und sogar ein nützliches Werkzeug in seiner Hand werden durfte.

Schlussbemerkungen

> «Ich bin der Weg, ich bin die Wahrheit, und
> ich bin das Leben!»
>
> *Johannes 14,6*

> «Dies ist die wahre Wirklichkeit. Wenn wir zu
> Jesus, der Wahrheit, kommen, nimmt der Sinn
> aller Dinge Gestalt an. Die Wahrheit (veritas)
> ist wunderschön. Ohne sie ist alle Bedeutung,
> ja, das Sein selbst, verloren. Wenn wir die
> Wahrheit nicht erblicken, nicht ausdrücken
> können, wenn wir sie nicht in der Fülle der
> Schöpfung sehen und auf ihre Erfüllung im
> ewigen Leben hoffen, dann kennen wir [nur]
> die Leere.»[10]
>
> *Leanne Payne*

Ich danke Gott für die Gelegenheit, dieses Buch zu schreiben, das jetzt schon seit einigen Jahren vor sich hin gärt. Ich wollte über meinen Gott schreiben, der mich aus dem abtötenden Leben einer buddhistischen Nonne holte und in ein Leben mit ihm rief. Jeden Tag ist seine Gegenwart für mich spürbar, und mein Leben ist jetzt vollkommen anders als die vielen Tage, die ich im buddhistischen Tempel verbracht habe. Ich hoffe, meine Geschichte hilft Ihnen und ermutigt Sie, sich neu vor Augen zu führen, wie wunderbar, mächtig und liebend Gott tatsächlich ist.

Ich bin unendlich dankbar für Gottes Liebe und Hartnäckigkeit in meinem Leben. Selbst als er mich als buddhistische Nonne angesprochen hatte und ich ihm immer noch nicht folgen wollte, verließ er mich nicht, sondern war beharrlich, bis mein Herz sich ihm endlich bereitwillig unterwarf. Die Tatsache, dass er mir trotz meiner Rebellion und meines Götzendienstes nachging, bewegt mich tief, und mit Sicherheit sagt es etwas ganz Grundlegendes über sein Wesen aus. Dann rettete er mich aus dem Buddhismus und brachte mich in Sicherheit, wo ich wahren Sinn und Bedeutung in ihm fand. Als ich Gott, den Schöpfer erst einmal richtig kennengelernt hatte, war es einfach unmöglich, der selbst konstruierten Philosophie eines erschaffenen Menschen zu folgen, so kultiviert, idealistisch und hochgeistig sie auch sein mochte. Im Vergleich wurde sie unwichtig und überflüssig.

Insgesamt war ich dreizehn Jahre lang Buddhistin, und seit mehr als siebzehn Jahren folge ich nun Christus. Ich danke Gott dafür, dass er mir eine echte Liebe zu Buddhisten geschenkt hat. Ich liebe die Menschen, aber ich wünsche mir so sehr, dass sie vom Buddhismus befreit werden und den wahren lebendigen Gott entdecken.

Es ist meine feste Überzeugung, dass er nicht nur für ein paar wenige Menschen der eine wahre Gott ist. Er ist der *einzige* wahre Gott. Jesus starb für alle Menschen. Er liebt alle, die er erschaffen hat, auch diejenigen, die im Buddhismus gefangen sind, und will sie frei machen, damit sie ihm folgen können. Das Evangelium Christi ist der Schlüssel, der uns und unsere Nationen aus Götzendienst, Verwirrung, Sucht, Korruption, Ungerechtigkeit und anderen Formen des Leids herausholen kann. Es bietet auch eine Antwort für jene Völker, die immer säkularer und materialistischer werden – Lebenseinstellungen, die letzten Endes zu Bedeutungslosigkeit und Verzweiflung führen.

Seit ich eine junge Frau war, suchte ich nach der Wahrheit. Nach allen Hügeln, Tälern und Landschaften, durch die ich gereist bin, habe ich sie in ihm vollendet gefunden. Wie die christliche Autorin Leanne Payne kurz und bündig sagt: «Alles Gute, Schöne und Wahre erwächst uns aus der Heiligkeit Gottes.»[11]

Eine Welt ohne ihn ist ein unerträglicher Gedanke – eine Welt ohne Wahrheit, Schönheit, Gerechtigkeit, Rechtschaffenheit und all die wunderbaren Dinge, die er ist und die er uns gibt. Von Jesus getrennt zu sein, bedeutet letzten Endes, von allem Echten und Wahren getrennt zu sein.

«Glücklich, wer zum Hochzeitsfest des Lammes eingeladen ist!»

Offenbarung 19,9

Gebete und Hinweise
für die nächsten Schritte

Gebet, um das eigene Leben Christus zu übergeben

Ein Leben der Hingabe an Jesus Christus bedeutet, dass Sie …

1. **erkennen, dass Sie eine Sünderin/ein Sünder sind, und Ihre Sünde bereuen.**
   Römer 3,23: «Alle sind Sünder und haben nichts aufzuweisen, was Gott gefallen könnte.»
2. **glauben, dass Christus am Kreuz gestorben und wieder auferstanden ist, um Sie von Ihrer Sünde zu erlösen und Ihnen ewiges Leben zu schenken.**
   Johannes 3,16: «Denn Gott hat die Menschen so sehr geliebt, dass er seinen einzigen Sohn für sie hergab. Jeder, der an ihn glaubt, wird nicht zugrunde gehen, sondern das ewige Leben haben.»
3. **Christus im Glauben empfangen und das Geschenk annehmen, das Gott Ihnen mit seinem Sohn macht.**
   Johannes 14,6: «Jesus antwortete: ‹Ich bin der Weg, ich bin die Wahrheit, und ich bin das Leben! Ohne mich kann niemand zum Vater kommen.›»
4. **Ihr Leben dem Herrn Jesus Christus übergeben und ihm bedingungslos folgen und dienen.**

Matthäus 16,24: «Wer mir nachfolgen will, darf nicht mehr sich selbst in den Mittelpunkt stellen, sondern muss sein Kreuz auf sich nehmen und mir nachfolgen.»

5. bekennen, dass Jesus jetzt durch seinen Geist in Ihnen und durch Sie lebt.

Kolosser 1,27: «Christus in euch, die Hoffnung der Herrlichkeit» (Lutherbibel).

Wenn Sie Jesus noch nicht kennen, ihn aber gerne in Ihr Leben einladen möchten, können Sie das tun, indem Sie das unten stehende Gebet sprechen. Danach sollten Sie sich mit einer christlichen Gemeinde in Ihrer Nähe in Verbindung setzen, die auf der Grundlage der Bibel steht und Ihnen auf Ihrem Weg mit Gott weiterhelfen kann.

Herr Jesus,
ich weiß, dass ich eine Sünderin/ein Sünder bin. Ich wende mich reumütig von meinen Sünden ab und bitte dich, mir zu vergeben. Ich glaube, dass du am Kreuz für meine Sünde gestorben bist, und danke dir von ganzem Herzen. Jetzt bitte ich dich, in mein Herz und in mein Leben zu kommen. Im Glauben nehme ich dich als meinen Heiland an und mache dich zu meinem Herrn und Meister. Ich lege mein ganzes Leben in deine Hände. Danke, dass du nicht nur gestorben bist, um mir das ewige Leben zu schenken, sondern dass du auferstanden bist, um durch deinen Geist in mir und durch mich zu leben. Ich bin bereit, dich vor anderen Menschen als meinen Herrn zu bekennen und mit der Hilfe des Heiligen Geistes für dich zu leben und deinem Willen gehorsam zu sein. Danke, dass du gekommen bist und mich zu deinem Kind gemacht hast, wie dein Wort es sagt. Danke, dass du mich von meiner Sünde reingewaschen und mir vergeben hast und mir ewiges Leben schenkst. Amen.

Gebet um Gottes Bestätigung Ihrer Identität und Ihres wahren Wesens

Gott hat Sie für sich selbst geschaffen, für die Gemeinschaft mit ihm. Wenn Sie in Ihrem Leben jedoch schreckliche Gefühle der Angst, Verlassenheit, Leere oder Einsamkeit verspüren, können Sie Gott um seine Bestätigung Ihrer Identität und Ihres wahren Wesens bitten. Ein solches Gebet zu sprechen, kann helfen, Ihnen das Gefühl zu nehmen, dass Sie nicht existieren, und Sie in ein Leben in Fülle führen, das nur Gott Ihnen schenken kann.

Niemand weiß wirklich, wer er ist, bis er in Beziehung zu Gott tritt. In seiner Gegenwart sagt er «mein Sohn» oder «meine Tochter» zu Ihnen. Gott liebt es, seine Kinder zu erneuern und ihnen die Dinge zu schenken, die ihnen fehlen. Dazu brauchen Sie seine heilende Gegenwart. Er will Ihnen die wahre Mitte zurückgeben, in der Sie Liebe und ein Gefühl des Seins empfangen können. Endlich können Sie sich ausruhen, weil Sie sicher wissen, wer Sie sind und warum Sie geboren wurden. Nichts und niemand sonst kann Ihnen das sagen.

Es ist gut, einen reifen, vertrauenswürdigen Christen an der Seite zu haben, der dieses Gebet zusammen mit Ihnen spricht.

Himmlischer Vater,

wie David, der seine Seele mit einem «Kind in den Armen seiner Mutter» verglich (Psalm 131,2), komme ich zu dir. Ich bete dich als den Einen an, der beständig und zärtlich ist. Ich komme zu dir mit der Bitte um dein Ja und deine Bestätigung, die du mir zugedacht hast. Mit der Hilfe des Heiligen Geistes übergebe ich dir die tief sitzende Angst, die Unsicherheit und die Sorge, die mein Leben beherrschen. Umgib mich mit deiner liebevollen, beständigen Gegenwart. Festige in mir durch deine Gnade die Grundlage meines Wesens, die meine Eltern und diejenigen, die mich großgezogen haben, mir aus

*irgendeinem Grund nicht geben konnten. Mache mich frei für
deine Liebe als Schöpfer und Erlöser meines Lebens. Werde du
der Grund meiner Sicherheit als Mensch. Mach mich frei, damit ich deine liebevolle Zuwendung zu mir an andere Menschen weitergeben kann. Amen.*[12]

Gebet, um dem Götzendienst zu entsagen

Das unten stehende Gebet (oder ein vergleichbares) kann gesprochen werden, wenn man dem Buddhismus oder einem anderen Götzendienst abschwören will. Im Idealfall sollte das unter der Leitung eines erfahrenen Christen geschehen, der
anschließend ein Segensgebet sprechen kann.

Außerdem müssen alle Bücher, Buddha-Figuren, Statuen,
Amulette, Glücksbringer usw. vernichtet werden, am besten
bevor Sie das Gebet sprechen. Gott möchte (so meine Erfahrung) Taten sehen und nicht nur Worte, denn darin zeigt sich
wahre Reue. Jeder Götze sollte vor Gott benannt, aufgegeben
und in Jesu Namen bereut werden.

*Lieber Herr Jesus,
ich komme zu dir und bekenne, dass ich schuldig geworden
bin, indem ich mich dem Buddhismus verschrieben habe.
Jetzt entsage ich dieser Lehre und wende mich von ihr ab. Ich
will nur noch dich, Jesus, anbeten und mich ganz dir ergeben
und keine anderen Götter neben dir haben. Vergib mir meine
Götzenverehrung, Herr. Und jetzt befreie mich bitte von den
Auswirkungen dieser Lehre und durchtrenne und zerstöre die
Beziehung, die ich zum Buddhismus hatte, damit er keine
Macht und keinen Einfluss mehr in meinem Leben hat. Bitte
läutere und erneuere meine Gedanken und hilf mir, die Göt-
zenverehrung so zu sehen und zu verachten, wie du es tust.*

Hilf mir, meine Gedanken ganz auf dich auszurichten. Danke, Herr. In deinem Namen bete ich. Amen.

Die Person, die mit demjenigen betet, der dem Buddhismus/Götzendienst abschwört, kann folgende Formulierungen benutzen:

Herr Jesus, ich danke dir für das Gebet von [Name] und dafür, dass du jetzt zwischen [Name] und dem Buddhismus stehst. Lieber Herr Jesus, bitte nimm das Schwert des Geistes, Gottes Wort, und zerschlage jede Beziehung und Verbindung, die [Name] mit dem Buddhismus hatte, damit er/sie ganz frei davon ist. Reinige und läutere [Name] von der Wirkung des Buddhismus in seinen/ihren Gedanken, in Leib, Seele und Geist, auch in seinen/ihren unterbewussten Gedanken. Danke, dass du gestorben bist, um [Name] frei zu machen, und dass er/sie jetzt frei ist. Bitte erfülle [Name] mit deinem Heiligen Geist. Hilf ihm/ihr, seine/ihre Gedanken zu schützen, erneuere seine/ihre Gedanken und schenke ihm/ihr die Gedanken Christi. Segne deinen Sohn/deine Tochter, Herr, in seinem/ihrem wahren Ich, mit dem du ihn/sie geschaffen hast. Danke für die neue Freiheit, die [Name] jetzt in dir hat. In Jesu Namen. Amen.

Wichtige Unterschiede zwischen Christentum und Buddhismus

Die Unterschiede zwischen Jesus und Buddha

JESUS	BUDDHA
1. Jesus ist **Gottes** Sohn (Matthäus 3,17).	1. Buddha war ein **Mensch**; er hat nie behauptet, ein Gott oder gar der einzig wahre Gott zu sein.
2. Jesus ist **ewig**. Er war seit dem Anbeginn der Zeit bei Gott, dem Vater, im Himmel und wird ewig herrschen (Johannes 1,1–2).	2. Buddha hatte nur die **Lebenszeit eines Menschen**, nämlich achtzig Jahre.
3. Jesus war und ist **aktiver Schöpfer und Erhalter des Universums** (Johannes 1,3; Kolosser 1,16–17).	3. Buddha hat **keinen Anteil an der Schöpfung und Erhaltung des Universums**. Als Mensch hatte er diese schöpferischen Fähigkeiten nicht.
4. Jesus **führt uns zu Gott, dem Vater**, und ist der einzige Weg zu ihm (Johannes 14,6).	4. Buddha **führt zur Leere** und lehrt letzten Endes, dass es keinen Gott gibt.

JESUS	BUDDHA
5. Jesus ist von den Toten auferstanden, **er lebt** (1. Korinther 15,4) und hat die Macht der Sünde, des Todes und der Hölle überwunden.	5. Buddha ist nicht von den Toten auferstanden. **Er ist gestorben**.
6. Jesus ist das vollkommene Opfer für alle Sünden der Menschheit, wenn wir an ihn glauben. Er hat am Kreuz unsere Sünde auf sich genommen (Jesaja 53,4–6; 2. Korinther 5,21; Kolosser 2,13–14). Durch die Macht des Blutes Christi werden unsere Sünden **gesühnt**, wir werden reingewaschen, und uns wird vergeben.	6. Buddha als Mensch **kann keine Sühne leisten**, er kann uns weder reinwaschen noch uns unsere Sünden vergeben.
7. Unsere Verletzungen und Zerbrochenheit sind **in den Wunden und dem Zerbrochensein des auferstandenen Jesus aufgehoben** (Jesaja 53,5; 1. Petrus 2,24).	7. Buddha ist **nicht für unsere Verletzungen und unsere Zerbrochenheit gestorben**.
8. Jesus ist unser **Retter – er bewirkt unsere Erlösung** durch seinen Tod und seine Auferstehung (Johannes 4,42).	8. Buddha ist **kein Retter**. Buddha lehrte, dass man sich selbst retten muss.
9. Jesus hat nur **den Willen Gottes, des Vaters**, getan, und lehrt, was der Vater ihm zeigt (Johannes 5,30; 6,38).	9. Buddha lehrte das, was er selbst entdeckt hatte: es ist die **Philosophie eines sterblichen Menschen**.

JESUS	BUDDHA
10. Jesus ist gekommen, damit wir **das Leben in Fülle** haben, und er hat uns gesagt, wie wir das tun können (Johannes 10,10).	10. Buddha lehrte, dass **alle Dinge vergänglich, unzulänglich und ohne Selbst** sind und dass wir dem Leid entfliehen müssen.
11. Jesus **hat sein Menschsein bewusst gelebt** (Johannes 10,10).	11. Buddhas Ziel ist es, **dem Leid und letztlich jeder Form des Seins zu entfliehen**.
12. In Jesus ist ein ständiges **Werden** (2. Korinther 3,18).	12. Buddha lehrte, dass das Ziel **die Auslöschung, das Nichtsein** ist.
13. Jesus wurde für uns zur **Rettung, Erlösung, Weisheit, Gerechtigkeit und Heiligung** (1. Korinther 1,30).	13. Buddha ist für uns nicht zur Rettung, Erlösung, Weisheit, Gerechtigkeit und Heiligung geworden. Er sagte, **wir müssen all diese Dinge selbst finden**.

Die Unterschiede zwischen Christen und Buddhisten

CHRISTEN	BUDDHISTEN
1. Christen haben eine echte, lebendige Beziehung zu Gott. Wir kennen Gott, und er kennt uns. **Der christliche Glaube ist auf Beziehung ausgerichtet** (Johannes 14,20).	1. Buddhisten **haben keine persönliche Beziehung zu Buddha**. Man kennt ihn nicht und wird auch nicht von ihm gekannt.

CHRISTEN	BUDDHISTEN
2. Christen sind vom Heiligen Geist erfüllt, und **Christus lebt in ihnen**. «Christus in euch, die Hoffnung der Herrlichkeit» (Kolosser 1,27).	2. **Buddha lebt nicht in den Buddhisten**.
3. Christen sind **lebendig in ihrem Geist** (Römer 8,11).	3. Buddhisten sind **nicht lebendig in ihrem Geist**.
4. Christen **erkennen die Wahrheit in ihrem Geist** (Johannes 4,24).	4. Buddhisten **versuchen, die Wahrheit mit ihrem Verstand zu suchen**.
5. Christen finden ihr **«wahres Selbst»** durch Jesus, der dem Leben Sinn und Ziel gibt (Römer 8,28).	5. Der Buddhismus setzt auf eigene Bemühungen, um zu der Erkenntnis zu kommen, dass es **kein Selbst** gibt.
6. Christen **genießen** das Leben, «und dies im Überfluss» (Johannes 10,10).	6. Das Ziel der Buddhisten ist **ein Ende allen Werdens**.
7. Christen **beten** zu Gott (Matthäus 6,9).	7. Buddhisten **beten nicht** zu Gott. Meditation ist nicht dasselbe wie Gebet. (Man kann nicht zum «Nichts» oder zu einer Philosophie beten. Und auch wenn einige asiatische Buddhisten Buddha zu einem Gott gemacht haben, hat er seinen Anhängern nie gesagt, dass sie das tun sollen.)

Die Unterschiede in der Lehre

DAS CHRISTENTUM LEHRT ...	DER BUDDHISMUS LEHRT ...
1. **Gott hat die Welt erschaffen**, also dürfen wir sie annehmen (1. Mose 1,1).	1. **Unwissenheit hat die Welt erschaffen**, also ist es besser, ihr zu entfliehen.
2. **Betet keine Götzen an**, und macht euch kein Bildnis von Gott (2. Mose 20,1–6).	2. Die ursprüngliche Lehre Buddhas lehrt, keine Götzen anzubeten, aber **mit der Zeit wurden viele Bildnisse von Buddha geschaffen und angebetet.**
3. Die **Dreieinigkeit** von Gott, dem Vater, Jesus, dem Sohn, und dem Heiligen Geist (Johannes 3,34; Matthäus 28,19).	3. **Es gibt keinen Gott**, nur die Philosophie eines Menschen (Buddha).
4. **Die Liebe zur Schönheit**, wie Gott sie geschaffen hat (1. Mose 1,31).	4. **Alle Dinge sind unbeständig und unzulänglich**, auch die Schönheit.
5. **Lebt von ganzem Herzen** (auf gottesfürchtige Weise) dieses überfließende Leben (Johannes 10,10).	5. **Löse dich von der Welt**, anstatt dich daran zu freuen und dich daran zu hängen.
6. Was **Gerechtigkeit, Rechtschaffenheit, Gehorsam und Sünde** wirklich sind (Psalm 89,15).	6. **Dazu nichts. Er definiert Gerechtigkeit, Rechtschaffenheit und Sünde im Grunde genommen nicht**, weil ein Mensch (Buddha) dies letztendlich nicht kann, sondern nur der Schöpfer.

DAS CHRISTENTUM LEHRT …	DER BUDDHISMUS LEHRT …
7. Das Leid kam durch den Sündenfall in die Welt. **Jesus kann uns in unserem Leid begegnen** und es für seine Verherrlichung nutzen (Jesaja 61,1–3).	7. **Das Bedürfnis, einen Weg aus dem Leid und hinein ins Nichtsein zu finden.**
8. Jesus gibt uns die Kraft, durch seinen **Heiligen Geist** rechtschaffen und gehorsam zu leben (Matthäus 28,19).	8. Versuche aus **eigener Kraft**, ein gutes Leben zu führen.
9. Wie wir **unser Menschsein annehmen** (Johannes 10,10).	9. Sieht unser **Menschsein als etwas, von dem wir uns abwenden und lösen sollen.**
10. **Ewiges Leben** für all jene, die Jesus als ihren Herrn und Erlöser bekennen und rechtschaffen leben, und die **Hölle** für diejenigen, die es nicht tun (Johannes 3,16–18; Lukas 12,5).	10. «Karma» oder einen Zyklus der Wiedergeburt als Mensch, im Tierreich oder als hungriger Geist, und das Ziel des Nichtseins.
11. Die Erlösung ist ein **Geschenk** Gottes. Wir müssen nur seine Einladung annehmen; wir können nichts tun, um sie zu verdienen (Epheser 2,4–5).	11. Regeln und Vorschriften müssen beachtet werden, um das Ziel selbst zu erreichen; und Verdienste müssen **aus eigener Kraft erworben** werden.

Weiterführende Literatur

G. K. Beale: *We Become What we Worship: A Biblical Theology of Idolatry*, IVP Academic, 2008.

Oswald Chambers: *Mein Äußerstes für sein Höchstes*, Blaukreuz-Verlag: Lüdenscheid, Neubearbeitung, 4. Auflage 2009.

Leanne Payne: *Restoring the Christian Soul*, Baker Books, 1997.

Leanne Payne: *The Healing Presence*, Baker Books, 1997.

Rebecca Manley Pippert: *Out of the Saltshaker*, IVP, 1999.

Jackie Pullinger: *Ein Riss in der Mauer: Leben und Sterben in der «Ummauerten Stadt»*, Dynamis-Verlag: Kreuzlingen, 1989.

Jackie Pullinger: *Licht im Vorhof der Hölle*, Asaph: Lüdenscheid, 7. erw. Auflage 2008.

Alex G. Smith: *Buddhism through Christian Eyes*, OMF International, 2001.

Martin Kamphuis: *Ich war Buddhist*, Brunnen: Basel, 5. Auflage 2004.

Martin und Elke Kamphuis: *Spirituelle Kräfte des Neuen Zeitalters*, Brunnen: Basel, 2010.

Daniel Gerber: *Esoterik – die unerfüllte Suche*, Brunnen: Basel, 4. Auflage 2010.

Anmerkungen

1 Leanne Payne nimmt hier Bezug auf Charles Williams' *Descent into Hell* (Eerdmans, 1949). *Real Presence*, Hamewith Books, 1997, Seite 154.

2 Leanne Payne: *The Broken Image: Restoring Personal Wholeness through Healing Prayer*, Baker Books, 1996, Seite 135.

3 Leanne Payne: *Restoring the Christian Soul*, Baker Books, 1997, Seite 198f.

4 Penelope Lee: «The Law of Love», Authentic Films and Videos (STL), 1989.

5 Jackie Pullinger: *Crack in the Wall*, Hodder and Stoughton, 1989; *Chasing the Dragon*, Hodder and Stoughton, 1980 (Dt. Titel: *Ein Riss in der Mauer: Leben und Sterben in der «Ummauerten Stadt»*, Dynamis-Verlag: Kreuzlingen, 1989; *Licht im Vorhof der Hölle*, Asaph: Lüdenscheid, 7. erw. Auflage 2008).

6 Oswald Chambers: *My Utmost for His Highest*, Classic Edition, Barbour Publishing Inc., 1963, Reading from April 17th (Neuere dt. Ausgabe: *Mein Äußerstes für sein Höchstes*, Blaukreuz-Verlag: Lüdenscheid, Neubearbeitung, 4. Auflage 2009, Lesung vom 17. April).

7 Oswald Chambers: *My Utmost for His Highest*, Classic Edition, Barbour Publishing Inc., 1963, Reading from

November 26th (Neuere dt. Ausgabe: *Mein Äußerstes für sein Höchstes*, Blaukreuz-Verlag: Lüdenscheid, Neubearbeitung, 4. Auflage 2009, Lesung vom 26. November).

8   Emil Brunner: *Man in Revolt. A Christian Anthropology*, translated by O. Wyon, Lutterworth, 1939, Seite 34 (neuere Ausgabe des dt. Originals: *Der Mensch im Widerspruch*, Theologischer Verlag Zürich, 5. Auflage 1985).

9   Alex G. Smith: *Buddhism through Christian Eyes*, OMF International, 2001, Seite 21.

10   Leanne Payne: *Newsletter*, Pastoral Care Ministries, Sommer 2008.

11   Leanne Payne: *Newsletter*, Pastoral Care Ministries, Herbst 2004.

12   Angelehnt an Andrew Comiskey: *Pursuing Sexual and Relational Wholeness in Christ*, Desert Stream Publications, 1996, Seite 26.